MANUEL PRATIQUE

DE

PROCÉDURE ANGLAISE

ET

RECUEIL DE LOIS

A L'USAGE

DES FRANÇAIS ET DES BELGES

DANS LEURS RELATIONS D'AFFAIRES AVEC L'ANGLETERRE.

PAR

JOHN RAND BAILEY,

"ATTORNEY" PRÈS LES COURS DE *Common Law* ET "SOLICITOR" PRÈS LA HAUTE COUR
DE CHANCERY DE L'ANGLETERRE.

LONDRES:

CHEZ L'AUTEUR, 8, TOKENHOUSE YARD, PRÈS LA BANQUE D'ANGLETERRE.

PARIS:

IMPRIMERIE ET LIBRAIRIE GÉNÉRALE DE JURISPRUDENCE

COSSE, MARCHAL ET BILLARD, IMPRIMEURS-ÉDITEURS,

LIBRAIRES DE LA COUR DE CASSATION,

PLACE DAUPHINE, 27,

1873.

Tous Droits réservés.

MANUEL PRATIQUE

DE

PROCÉDURE ANGLAISE

ET

RECUEIL DE LOIS

A L'USAGE

DES FRANÇAIS ET DES BELGES

DANS LEURS RELATIONS D'AFFAIRES AVEC L'ANGLETERRE.

PAR

JOHN RAND BAILEY,

"ATTORNEY" PRÈS LES COURS DE *Common Law* ET "SOLICITOR" PRÈS LA HAUTE COUR
DE *Chancery* DE L'ANGLETERRE.

LONDRES:

CHEZ L'AUTEUR, 8, TOKENHOUSE YARD, PRÈS LA BANQUE D'ANGLETERRE.

PARIS:

IMPRIMERIE ET LIBRAIRIE GÉNÉRALE DE JURISPRUDENCE

COSSE, MARCHAL ET BILLARD, IMPRIMEURS-ÉDITEURS,

LIBRAIRES DE LA COUR DE CASSATION,

PLACE DAUPHINE, 27.

1873.

Tous Droits réservés.

LONDRES:
IMPRIMERIE DE WERTHEIMER, LEA ET CIE.,
CIRCUS PLACE, FINSBURY.

INTRODUCTION.

La *Table des matières* énumère les divers sujets traités dans ce volume et les différentes questions contingentes à chaque sujet. Conséquemment, le lecteur amené à consulter ce *Manuel* n'aura qu'à se reporter à la *Table des matières* pour y trouver le sujet général qui l'occupe et la question spéciale qui l'intéresse.

La première partie de ce livre résume les droits des commerçants et étrangers par rapport à des *débiteurs anglais* et aux affaires commerciales de caractère anglais, etc., etc., ainsi que les moyens à employer pour bénéficier efficacement de ces droits.

La seconde partie est consacrée aux *Sociétés par actions*, aux *Brevets d'invention*, au *Droit de propriété littéraire et artistique*, à la *Naturalisation*, aux *Testaments*, à l'*Extradition*, etc., etc.

Chaque chapitre se termine par des *Instructions pratiques* qui signalent au lecteur les mesures qu'il y a à prendre, les documents et renseignements qu'il y a lieu de fournir pour atteindre tel résultat particulier. En outre, un modèle placé à la page 152 indique les informations, de caractère général et commun à tous les cas, qu'il convient de joindre aux renseignements spéciaux requis à la fin de chaque chapitre.

PRÉFACE.

Si les souvenirs du signataire de ces lignes le servent bien, il n'existe pas d'ouvrage en France ou en Belgique qui fournisse aux hommes d'affaires de ces pays, sous une forme simple, brève et pratique, ces renseignements d'ordre légal, dont le besoin s'impose à quiconque entretient avec l'Angleterre des relations commerciales.

Les livres écrits dans la langue française sur la législation anglaise constituent, pour la plupart, des dissertations savantes spécialement destinées à certains esprits spéciaux, et ne s'adressent point à cette partie du public qui ne demande à la science des lois que des formules usuelles, propres à faciliter et à assurer la bonne gestion des affaires.

C'est cette lacune que le présent *Manuel* a pour but de combler.

Instruit par une longue expérience que l'ignorance des lois anglaises, des mesures et formalités qu'elles prescrivent pour affirmer tel droit ou prévenir tel péril, est souvent très préjudiciable aux étrangers, l'auteur croit que ce *Manuel*, où se trouvent indiqués ces mesures, ces formalités, ces droits et ces périls, pourra être de quelque utilité.

Les relations d'affaires de la France et de la Belgique avec l'Angleterre ont acquis aujourd'hui une telle étendue qu'il arrive constamment que des renseignements sur les lois et la procédure anglaises sont absolument nécessaires.*

Les banquiers, les négociants, les marchands, leurs avocats ou leurs avoués, tous ceux, en un mot, qui entretiennent des relations avec l'Angleterre, ou qui viennent chercher dans ce pays les capitaux nécessaires à l'exploitation d'une concession ou à l'exécution d'une combinaison sérieuse, rencontreront dans ces pages des informations qui, peut-être, leur épargneront des pertes de temps et d'argent.

Ce livre n'a pas de prétentions littéraires, parce qu'il siérait mal à un étranger de viser à des effets de ce genre, et que, d'ailleurs, la clarté du style est ici beaucoup plus nécessaire que son élégance.

Il n'a pas non plus de prétentions scientifiques, puisqu'il est particulièrement destiné aux gens d'affaires, plus soucieux d'enseignements pratiques que de discussions théoriques. En un mot, à l'aide d'explications que l'auteur s'est efforcé de rendre claires et précises, ce livre trace la route à suivre, soit pour le recouvrement d'une créance, soit pour l'obtention d'un brevet d'invention ou l'enregistrement d'un dessin, soit pour l'établissement d'une Société sous les auspices des lois anglaises, etc., etc. ; soit, enfin, pour résoudre telle ou telle de ces questions commerciales ou financières qui surgissent fréquemment dans les relations internationales d'affaires.

* D'après les rapports officiels, la valeur des marchandises importées de France en Angleterre dans l'année 1872 s'est élevée à un total de 41,920,574 livres st., soit 1,050,000,000 francs—contre 29,848,488 livres st., soit 750,000,000 francs, de l'année précédente. On arriverait également à une augmentation similaire en se livrant au même calcul par rapport à la Belgique.

Assurément, et malgré le soin et l'attention qui ont présidé à sa composition, ce *Manuel* est encore incomplet. Certains sujets ont été écartés, que leur caractère spécial n'eût rendus intéressants qu'à un petit nombre de personnes. D'autres (la question de la marine marchande, par exemple) eussent exigé des développements tellement volumineux pour être exposés convenablement, que l'auteur, désireux avant tout d'offrir au public un livre populaire de par sa forme et son prix aussi bien que de par son fond, s'est abstenu de les aborder. Cependant, en se reportant à la *Table des matières*, le lecteur constatera que toutes les questions générales et usuelles se trouvent traitées dans ce recueil.

En terminant, l'auteur ne croit pouvoir mieux faire, pour mériter à ce *Manuel* un indulgent accueil, que de le placer sous les auspices de cette bienveillance à l'égard des étrangers qui est l'un des traits les plus sympathiques de nos voisins d'Outre-Manche.

JOHN RAND BAILEY.

8, Tokenhouse Yard, Lothbury,
LONDRES.

Mars, 1873.

TABLE DES MATIÈRES.

CHAPITRE I.

CHAPITRE II.

CHAPITRE III.

CHAPITRE VIII.

CHAPITRE IX.

CHAPITRE X.

CHAPITRE XI.

CHAPITRE XII.

DE LA FAILLITE ET DE LA LIQUIDATION (*Suite*).—LIQUIDATION PAR VOIE D'ARRANGEMENT.

CHAPITRE XIII.

DE L'ARRESTATION ET DÉTENTION POUR DETTES.

CHAPITRE XIV.

DES RÈGLEMENTS RELATIFS A LA PRESCRIPTION.

CHAPITRE XV.

DES ASSURANCES.

CHAPITRE XVI.

BREVETS D'INVENTION.

CHAPITRE XXVI.

CHAPITRE XXVII.

CHAPITRE XXVIII.

CHAPITRE XXIX.

APPENDICE.

Chapitre I

OBSERVATIONS GÉNÉRALES SUR LA CONDUITE DES AFFAIRES LÉGALES EN ANGLETERRE.

———

1.—*Personne dûment qualifiée en Angleterre pour agir au nom d'un client. Aperçu du système judiciaire anglais.*
2.—*Simplification de la procédure anglaise par la législation moderne.*
3.—*Caractère général des instructions à fournir au solicitor.*
4.—*Rédaction de ces instructions.*
5.—*Modèle généralement applicable.*

———

I.

La première question qui se présente à l'esprit de l'étranger amené à recourir à la loi anglaise est celle de savoir à qui il doit s'adresser, soit pour obtenir des conseils à l'endroit de cette loi, soit pour en invoquer et poursuivre l'action.

La seule personne qui ait qualité pour conseiller et représenter un client dans les affaires de caractère légal et qui soit autorisée à intenter et à poursuivre un procès quelconque au nom et en faveur d'une autre personne est *l'attorney-solicitor*, dûment reconnu par les Cours.

Il n'obtient son diplôme qu'après avoir fait ses études

do droit pendant cinq années, et après avoir, ensuite, subi un strict examen dans les diverses lois et procédures du royaume.

Il est alors admis et reconnu comme officier des diverses Cours auprès desquelles il est autorisé à pratiquer, et est responsable vis-à-vis d'elles de la façon dont il remplit, à l'égard de son client, les fonctions dont il est revêtu. Ses honoraires sont réglés par les Cours d'après des tarifs reconnus par elles.

Il faudrait trop de place pour expliquer dans ces pages les attributions distinctives des divers Tribunaux anglais. Il suffira d'observer que la *Chambre des Lords* est la plus haute Cour d'appel ; que la Cour de *Chancery*—comprenant deux Cours d'appel et quatre Cours de première instance, ainsi que la Cour de *Bankruptcy* (faillite) qui y est subordonnée—régit les questions de conscience et d'équité ; que les trois Cours supérieures de *Common law* statuent sur les litiges ordinaires ; et qu'il y a, en outre, les Cours de *Probate* (Cour testamentaire), de *Divorce*, et de l'*Amirauté* (affaires maritimes).*

En dehors des sus-dites Cours principales il y a aussi les *County Courts* (Cours locales de province), dont la juridiction est limitée aux causes locales d'importance secondaire ; la *Cour du Lord-Maire* de la Cité de Londres, laquelle a droit de statuer sur les causes contingentes aux transactions qui s'opèrent dans la partie de Londres appelée *Cité*, et jouit d'une juridiction spéciale très importante en matière de saisie-arrêt, dont il sera fait mention plus tard.

Le titre de " *solicitor* " relève de la Cour de *Chancery,*

* Pendant que cet ouvrage est sous presse, un projet de loi a été présenté au Parlement Anglais par le Gouvernement actuel, dont le but principal est de consolider toutes ces Cours avec toutes leurs juridictions diverses, en établissant une seule Haute Cour de Justice de première Instance et une seule Cour d'Appel.

Cette réforme amènera sans doute une simplification très appréciable dans la procédure Anglaise.

tandis que celui " d'*attorney*," relève des Cours de *Common law*. On observera qu'une même personne peut être, et est d'usage, revêtue des deux titres, et comme il est ordinairement connu en Angleterre sous le titre unique de *solicitor*, cette dénomination sera seule employée pour le désigner au cours de cet ouvrage.

Les fonctions et les priviléges du *solicitor* ne sont pas limités aux affaires contentieuses, ou à celles qui se déroulent devant les Tribunaux. C'est lui qui rédige les actes, contrats, testaments, baux et autres documents de caractère légal, et que l'on consulte dans les matières multiples qui réclament le concours ou l'intervention d'un homme d'affaires. Il est, enfin, reconnu en Angleterre comme un conseiller intime auquel on a recours dans toute conjoncture.

Dans les affaires litigieuses, le premier soin du *Solicitor* est d'examiner le cas qui lui est soumis ; de déterminer devant quelle Cour il doit être porté et d'instituer la procédure appropriée aux circonstances.

Lorsque ces préliminaires sont réglés, il prépare l'*évidence* du cas, c'est-à-dire qu'il recueille tous les faits et preuves à l'appui des prétentions de son client, qu'il les met en ordre, qu'il apprête les *affidavits* qui peuvent être jugés nécessaires. Ensuite, il constitue un dossier complet de la cause qui lui a été confiée, comprenant et l'exposé de cette cause, et les circonstances, preuves et témoignages qu'il y a lieu d'invoquer, et remet ce dossier à un *barrister* qui a pour mission de plaider la dite cause, au jour fixé, devant la Cour ou le jury.

Les fonctions du *barrister* sont donc de développer et de faire valoir devant qui de droit les renseignements, preuves, documents, etc., qui composent le dossier à lui remis par le *solicitor*. Il n'est instruit que par l'intermédiaire du *Solicitor*, et n'est pas autorisé à entrer en rapports directs avec le client.

II.

On a cru pendant longtemps sur le continent, et on y croit encore généralement, que les délais et les frais de procédure en Angleterre sont à la fois longs et onéreux.

Assurément, cette opinion ne manquait pas, il y a quelques années, de bonnes raisons pour avoir cours ; mais la législation moderne a tellement simplifié le mécanisme de la procédure et en a, conséquemment, tellement diminué le coût, qu'on peut affirmer aujourd'hui que l'intervention de la loi dans les cas ordinaires, de caractère commercial, n'est ni plus lente, ni plus dispendieuse qu'elle ne l'est ailleurs. Dans nombre de circonstances, la comparaison s'établirait même au bénéfice des coutumes anglaises ; et la consolidation des Cours, projetée comme il a été dit au bas de la page 2, mettra fin á la plupart des inconvénients et des reproches qui s'y rattachent encore.

III.

Pour mettre un *solicitor* à même d'instrumenter au nom d'un client, il n'est pas nécessaire qu'il reçoive de ce client des *pouvoirs* spéciaux. Des instructions écrites, même sous la forme d'une lettre ordinaire, sont, au début, pleinement suffisantes. C'est seulement lorsqu'un acte doit être posé qui nécessiterait des démarches personnelles de la part du client qu'un *pouvoir d'attorney* (mandat de procuration) devient nécessaire, pour permettre au *solicitor* de faire ces démarches à la place de l'intéressé.

Dans tous les cas, il est de l'intérêt du client, au double point de vue du temps à gagner et des frais à économiser, que ses instructions soient complètes, claires et explicites, et que les renseignements suivants soient soigneusement fournis par lui :—

IV.

A.—Noms et prénoms de la personne ou des personnes au nom de laquelle ou desquelles le *solicitor* doit agir. Indiquer leur profession; l'adresse de leur bureau. Si c'est une *maison de commerce* qui lui fait appel, donner les noms et prénoms de chacun des associés et signaler le titre sous lequel cette maison est commercialement connue (raison sociale). S'il s'agit d'une *Société* non anonyme, faire connaître les noms et prénoms des personnes autorisées par elle à poursuivre.

B.—Donner les noms et prénoms, définir la profession, le genre d'affaires, indiquer l'adresse du bureau de la personne (ou des personnes) contre laquelle il y a lieu de diriger des poursuites ; énumérer toutes les informations dont on peut disposer relativement à la situation, à l'état financier, aux relations de la dite personne. Si les poursuites ont pour objectif une *maison de commerce*, donner, autant que faire se peut, les noms et prénoms de chacun des associés, la raison sociale de la maison, et signaler le lieu du principal établissement.

C.—A ces renseignements techniques, il est opportun d'ajouter toutes les informations propres à établir le bien fondé de la réclamation produite, ou à faciliter la transaction désirée. Si la réclamation a trait à des marchandises vendues, un double de la facture, énumérant ces marchandises, devra accompagner les instructions dont le sens et la nature ont été définis plus haut. Dans le cas où cette énumération serait trop longue, on pourra se borner tout d'abord à dresser une liste sommaire, relevant, sans les détailler, les envois faits et les prix correspondants, et à enregistrer, d'après le livre de caisse, les sommes perçues en retour.

Toute la correspondance et tous les documents établissant que les dites marchandises ont été dûment expédiées et reçues devront également faire partie des pièces à transmettre.

Si la réclamation surgit à propos d'une *lettre de change*, envoyer le titre, ainsi que le protêt contingent, s'il y a eu protêt, et joindre aux informations ci-dessus requises des indications sur l'origine de la lettre de change—marchandises vendues—argent avancé par la voie de l'escompte, etc.

S'il s'agit d'obtenir des dommages et intérêts pour la rupture d'un contrat, ou pour une autre cause, entrer dans les détails des faits et circonstances se rapportant à l'incident.

Au reste, au fur et à mesure que les divers sujets traités dans ce petit livre viendront à être développés, le lecteur se trouvera en possession de conseils spéciaux à chacun des cas dans lesquels il peut se voir placé. Mais, quel que soit le sujet en litige, les intéressés ne devront jamais perdre de vue la nécessité qu'il y a pour eux de transmettre au *solicitor*, lisiblement écrites et clairement expliquées, les informations techniques qui viennent d'être définies (noms de baptême et de famille, adresse, etc.) et tous les renseignements qui peuvent contribuer à établir et à justifier leurs prétentions.

V.

Dans le but de rendre plus commode la rédaction de ces indications toujours nécessaires, un modèle approprié a été placé à la fin de ce livre (Formule A, page 152). Il répond à toutes les exigences des cas ordinaires et signale à l'attention du lecteur toutes les informations d'ordre général qu'il est de son intérêt de fournir.

A la fin de chaque chapitre se trouvent des "Instructions pratiques" qui enseignent le lecteur dans les informations d'ordre spécial, nécessaires pour chaque affaire particulière.

CHAPITRE II,

TÉMOIGNAGE.

I.

Lorsqu'un procès doit se dérouler devant la *Court of Chancery*, les preuves et témoignages contingents à ce procès sont recueillis par le *solicitor*, sous la forme d'*affidavits* (déclarations sous serment) émanés des parties en litige et des témoins. La Cour a le pouvoir de délivrer une commission rogatoire pour l'interrogatoire de témoins à l'étranger. La procédure en vue d'une telle commission se trouve indiquée à l'article 3 de ce Chapitre.

Lorsqu'un procès doit être jugé par les *Courts of Law*, toutes les questions interlocutoires antérieures à l'ouverture des débats, telles que garantie des frais de la cause, production de documents, etc. sont traitées à l'aide de dépositions écrites ou d'*affidavits*. Mais, quand le procès vient à l'audience, les dépositions ne peuvent être recueillies qu'oralement, à moins qu'elles n'aient été régulièrement transmises par voie de commission rogatoire. On trouvera dans le chapitre 27 des renseignements complets quant à la façon dont les déclarations jurées ou *affidavits* doivent être formulées par les étrangers.

En Angleterre, les individus appelés à déposer de vive voix prêtent serment sur les quatre Évangiles, s'ils sont Chrétiens; sur l'Ancien Testament, s'ils sont Juifs; sur le Koran, s'ils sont Mahométans. Les personnes appartenant à d'autres cultes que ceux précédemment mentionnés prêtent serment de la façon qui paraît la plus propre à s'imposer au respect de leurs consciences. S'il advient qu'une personne refuse de prêter serment en arguant de scrupules légitimes, on se contente de sa simple affirmation.

II.

Tout jugement, ordonnance ou autre procédure émanant d'un Tribunal étranger, et toute attestation, plaidoirie ou autre document quelconque provenant d'un Tribunal étranger, peuvent être produits en Angleterre au cours d'un procès. Ces pièces, pour être admises devant les Cours anglaises, devront porter le sceau ou timbre du Tribunal étranger d'où elles émanent, ou être signées, dans le cas où ce Tribunal n'aurait pas de sceau particulier, par le président ou par l'un des juges du dit Tribunal.

C'est au Solicitor d'apprécier les circonstances particulières qui pourront rendre légale et opportune dans chaque cas la production de tels ou autres documents.

Les dispositions à prendre pour recueillir un témoignage font partie des préliminaires d'un procès déjà commencé et déjà aux mains d'un conseiller compétent. Conséquemment, il n'y a pas lieu de donner des instructions pratiques relativement à cette question, d'autant plus que la multiplicité des cas qu'elle comporte ne permet pas de fournir utilement des indications générales.

III.

La nomination d'une commission rogatoire pour l'examen de témoins à l'étranger est faite à la demande de l'une ou l'autre des parties en présence. Ce mandat ou commission rogatoire peut être délivré à un juge d'une Cour étrangère; mais comme le témoignage qu'on veut obtenir doit être recueilli selon les formes et les règles qui président à l'examen des témoins en Angleterre; comme, d'autre part, toute infraction à ces règles rendrait la déposition sans valeur, le mieux est de déléguer cette mission au consul anglais ou à quelque autre personne initiée au mécanisme de la procédure anglaise en matière de témoignage.

IV.

Ce qui va suivre est important et généralement peu connu. Chacune des Cours supérieures de l'Angleterre a le pouvoir,—au vu d'une demande d'où il ressort qu'un tribunal étranger appartenant à une puissance amie a le désir d'obtenir d'un individu, relevant de la juridiction d'une de ces Cours, un témoignage relatif à une affaire civile, commerciale ou criminelle, qui se déroule devant ce tribunal, — de rendre un ordre requérant cet individu d'avoir à comparaître, pour être interrogé, devant la personne désignée à cet effet dans l'ordre de comparution. Toute négligence dans l'observation de cet ordre est considérée comme une offense à l'égard de la Cour.

Conséquemment, cette Cour peut exiger la comparution de l'individu, invité par elle à témoigner, et l'obliger à produire tous les documents ayant trait au procès qui se plaide devant le tribunal étranger.

Le plus habituellement, on ignore ces dispositions de la loi anglaise; sans quoi, il est à supposer qu'on y aurait recours plus souvent dans les litiges commerciaux.

V.

Instructions pratiques.

Pour obtenir l'ordre dont il vient d'être parlé, il est désirable que l'avocat ou l'avoué qui dirige l'affaire à l'étranger adresse à un *solicitor* de Londres un exposé du cas en litige, et qu'il lui fasse connaître la nature du témoignage qui doit être recueilli en Angleterre, les noms des témoins à interroger, les points sur lesquels l'interrogatoire devra spécialement porter.

Ces renseignements et les démarches correspondantes ayant permis de reconnaître que le témoignage recherché peut être effectivement obtenu en Angleterre, une demande devra être adressée au tribunal étranger, devant lequel la cause est pendante, pour l'amener à déclarer qu'il est d'avis qu'un semblable témoignage serait pour lui un élément utile et qu'il a le désir de le recueillir.

Deux copies authentiques de cet avis du tribunal étranger,—avis exprimant en termes formels l'opinion de ce tribunal et son désir d'y voir donner suite,—seront alors transmises, l'une à l'ambassadeur ou représentant du pays auquel appartient ledit tribunal, afin que cet ambassadeur y joigne un certificat, ci-dessous défini; l'autre à la Cour anglaise. Celle-ci, sur la production de cette pièce et d'un certificat de l'ambassadeur attestant que telle cause est réellement pendante devant tel tribunal étranger et que ce tribunal a exprimé le désir de s'éclairer à l'aide de tel témoignage, émettra l'ordre précédemment expliqué.

Le *solicitor*, dont on s'est assuré le concours, prendra les dispositions nécessaires pour que le témoignage ainsi requis soit dûment recueilli et pour que le document représentatif de cette déposition soit conçu et légalisé dans la forme appropriée à l'usage qui doit en être fait devant le tribunal étranger.

Chapitre III

DES JUGEMENTS RENDUS PAR LES TRIBUNAUX ETRANGERS.

1.—*Autorité des jugements étrangers auprès des Cours anglaises.*

2.—*Façon de tirer parti en Angleterre d'un jugement étranger.*

3.—*Un jugement étranger dûment légalisé constitue un témoignage primâ facie.*

4.—*Instructions pratiques.*

I.

Toute sentence rendue par un Tribunal étranger compétent pèse toujours d'un grand poids dans les décisions des Cours anglaises, si cette sentence se rapporte à la cause introduite devant l'une ou l'autre de ces Cours.

Par exemple, la légalité d'un mariage ayant été reconnue par une Cour étrangère, il est certain que cette reconnaissance suffirait à faire proclamer par une Cour anglaise la validité du dit mariage. De même, une personne qui, étant l'objet de poursuites en Angleterre, pourrait fournir la preuve qu'à l'occasion de poursuites issues des mêmes raisons ou prétextes, elle a obtenu gain de cause auprès d'un Tribunal étranger compétent, serait parfaitement assurée de bénéficier de ce résultat aux yeux d'une Cour anglaise.

II.

Il n'est pas rare qu'un demandeur, qui n'habite pas l'Angleterre, après avoir obtenu d'un Tribunal étranger un jugement contre son débiteur, découvre que ce débiteur a transféré son domicile en Angleterre ou qu'il y a placé sa fortune.

Dans l'une ou l'autre de ces éventualités, le demandeur peut s'armer contre son débiteur du jugement étranger et obtenir de rendre passibles de ce jugement les biens possédés par son débiteur en Angleterre.

Toutefois, pour obtenir ce résultat, il est nécessaire que la partie intéressée prouve : 1° que le défendeur a été régulièrement cité à comparaître devant le Tribunal qui a prononcé le jugement ; 2° que ce Tribunal avait qualité pour prononcer ce jugement ; 3° que tout, enfin, s'est passé tellement régulièrement, qu'alors même que le défendeur serait encore, de par sa résidence, soumis à la juridiction du Tribunal auteur du jugement, il ne pourrait s'opposer à l'exécution de ce jugement.

III.

A moins qu'il ne soit manifestement prouvé que le jugement ne satisfait pas à l'une ou l'autre des conditions précédemment définies, ce jugement—qui devra être envoyé dûment légalisé conformément aux indications placées à la fin de ce chapitre—sera considéré comme une preuve *primâ facie* de la compétence du Tribunal et de la régularité de la procédure ; en un mot, comme la représentation d'une décision prise après des investigations attentives et complètes. Un pareil jugement aura donc force en Angleterre, à moins qu'il ne soit en contradiction avec les lois internationales, lesquelles, alors, s'opposeraient à son exécution.

De ces explications il ressort que, si l'on est amené à citer un débiteur ou toute autre personne devant une juridiction étrangère au pays qu'habite cette personne, les précautions les plus attentives doivent être prises :

1° Pour que la partie adverse soit dûment assignée;
2° Pour que la compétence du Tribunal, devant lequel on assigne, soit indiscutable;
3° Pour qu'il puisse être manifestement établi que, si la partie adverse n'a pas comparu devant le Tribunal, elle a été, du moins, régulièrement conviée à cette comparution et mise à même de faire valoir ses moyens de défense.

IV.

INSTRUCTIONS PRATIQUES.

Un créancier, nanti contre son débiteur d'un jugement rendu par un Tribunal étranger et désireux d'obtenir l'exécution de ce jugement en Angleterre, doit fournir toutes les informations indiquées dans le modèle A, page 152, et envoyer, en outre, une copie authentique du jugement rendu en sa faveur.

Cette copie, pour être admise en Angleterre comme une preuve des faits qu'elle énonce, devra être munie, ainsi qu'il a été dit déjà, du sceau ou timbre de la Cour qui a prononcé le jugement ou du Tribunal dont relève le document original. Si cette Cour ou ce Tribunal n'a pas de sceau particulier, la copie en question devra être signée par le président ou par l'un des juges et revêtue du cachet ou timbre particulier au magistrat signataire.

Dans ce dernier cas, il sera bon, quoique ce ne soit pas toujours indispensable, de faire légaliser, par l'ambassadeur ou par un consul anglais, la signature du juge et de faire certifier, par le même intermédiaire, que ce juge est dûment qualifié pour remplir les fonctions qu'il occupe.

Chapitre IV.

DES CONTRATS EN GÉNÉRAL.

I.

On peut affirmer en toute assurance que le défaut de clarté dans la rédaction des contrats est une source constante de procès sans nombre. Par conséquent, on ne saurait apporter trop de soins dans la rédaction de documents de ce genre, spécialement lorsqu'il s'agit de contrats écrits. Les contrats oraux n'ont pas le plus souvent un caractère obligatoire, à moins qu'ils ne relèvent de certaines règles ou de certains usages connus et définis comme spéciaux à tel genre de transactions, auquel cas ces usages peuvent être invoqués à titre d'explication par les parties en litige.

II.

En matière de contrats écrits, les Cours anglaises n'admettent aucune explication en dehors du texte du contrat.

Autrement dit, un contrat ne peut être commenté ou expliqué à l'aide de témoignages ayant trait aux intentions qui animaient les parties lorsqu'elles le signaient. Seul le juge peut déterminer le sens légal des contrats et les obligations qu'ils entraînent.

Les signataires d'un contrat ne sauraient donc trop se pénétrer de l'intérêt qu'il y a pour eux à ce que le document qui les lie soit conçu dans des termes nets et clairs. Pour atteindre ce but, ils devront se faire assister par un homme connaissant à la fois la langue dans laquelle le contrat est écrit, et celle du vocabulaire légal usité dans le pays où le dit contrat doit entrer en opération.

La moindre obscurité dans l'une ou l'autre des clauses d'un document de cette sorte entraîne des discussions et des désagréments qui, lorsqu'ils viennent se résoudre en justice, occasionnent des frais bien autrement considérables que ne l'eussent été les honoraires à payer à un homme du métier pour faire rédiger sous son contrôle le contrat en question.

Un contrat n'est pas annulé par suite de la mort de l'un ou de l'autre des signataires. Tous les droits et bénéfices du défunt passent à ses exécuteurs testamentaires ou à ses représentants personnels. Ceux-ci peuvent poursuivre le signataire survivant, s'il néglige de remplir sa part d'engagement; et, de son côté, le survivant peut poursuivre les exécuteurs testamentaires s'ils ne satisfont pas, en ce qui concerne le dit contrat, aux obligations qui leur incombent au lieu et place du défunt.

Evidemment, les contrats qui reposent exclusivement sur l'habileté ou l'intelligence du défunt s'éteignent avec lui.

III.

La plupart des contrats légaux sont conclus entre deux personnes ou deux maisons de commerce par voie de correspondance. Il suffit qu'une proposition soit faite par écrit à une personne et que cette personne accepte, également par écrit, cette proposition, pour qu'il y ait contrat entre les deux parties.

Dans des cas de ce genre, il ne suffit pas de s'assurer que les termes dont on usé ne peuvent fournir prétexte à une double interprétation; il faut encore acquérir la certitude qu'il y a conformité d'interprétation entre les deux parties en présence.

La nécessité de reconnaître cette conformité dans la façon dont les contractants interprètent la nature et le but de leur engagement est particulièrement importante quand cet engagement, tout en étant destiné à exercer son effet en Angleterre, a été rédigé dans une langue étrangère. Il est urgent alors de s'assurer que le sens des mots n'est pas altéré par la traduction et qu'avant comme après cette traduction aucune clause ne peut donner prise à une interprétation douteuse.

IV.

Les contrats relatifs à la vente et à la livraison de marchandises ne peuvent être invoqués au bénéfice du vendeur tant qu'il n'y a pas eu livraison complète. En d'autres termes, si ce dernier, après avoir livré une partie de ses marchandises, s'est abstenu de compléter la livraison, l'acheteur peut annuler le contrat et renvoyer les marchandises qu'il a reçues. Toutefois, s'il les garde au delà du délai fixé pour l'accomplissement du contrat, il sera obligé de payer les marchandises qui lui ont été livrées.

Si les marchandises expédiées ne sont pas conformes à la description qui en est faite dans le contrat, elles peuvent être retournées. Mais si elles sont gardées, le vendeur peut en réclamer le montant au nom du nouveau contrat, qui surgit implicitement du fait de leur acceptation.

V.

S'il y a la plus légère raison de croire qu'un contrat est entaché de fraude ou qu'il a été signé sous l'empire d'une pression quelconque, la *Cour de Chancery* annulera le contrat.

Quand une personne a frauduleusement engagé et amené un vendeur à vendre des marchandises à un tiers dans le but de les avoir en sa possession et quand elle se les est ainsi appropriées, le vendeur peut réclamer le prix de ces marchandises à cette personne, comme si elles lui avaient été vendues directement.

VI.

Quand un contrat est écrit à la main et muni d'un sceau, on le nomme dans la langue technique *deed* (acte authentique) ou contrat *spécial*. Les contrats conclus verbalement ou écrits sans l'apposition d'un sceau sont appelés contrats *simples*.

Les principales distinctions que la loi établit entre les contrats spéciaux et les contrats simples sont les suivantes :—

Dans toute action intentée sur la base d'un contrat

simple, le créancier doit prouver que ce contrat trouvait sa raison d'être dans des considérations sérieuses, tandis que dans une action qui repose sur un contrat spécial, l'absence de ces considérations ne peut être invoquée comme moyen de défense.

La prescription, qui annule à l'expiration de six années une lettre de change, un billet à ordre et tout contrat simple n'a pas d'action immédiate sur un contrat spécial. Elle ne l'affecte qu'après vingt ans.

L'obligation contingente à un contrat spécial ne peut être annulée que par une décharge sous sceau. Une simple remise ou quittance verbale de cette obligation est insuffisante.

Enfin, un contrat spécial étant considéré comme un engagement plus réfléchi et plus solennel qu'une convention verbale, ou simplement signée, les parties liées par ce contrat ne sont pas autorisées à plaider à l'encontre de l'une ou de l'autre de ses clauses pour prouver que la dite clause a été remplie dans un esprit différent de celui qu'impliquaient les termes du contrat.

Un contrat fait avec apposition d'un sceau doit être muni d'un timbre approprié à sa nature.

Généralement, du reste, tout contrat simple qui doit avoir cours en Angleterre et toute lettre ayant le caractère d'un contrat doivent être nantis d'un timbre de *six pence* (60 centimes) avant d'être signé ou dans un délai de quatorze jours à partir de la date du contrat.

Un document n'est pas illégal par cela qu'il ne porte pas de timbre, mais dans le cas où ce document devrait servir de point de départ à une action judiciaire, il serait frappé d'une amende de 10 livres sterling.

Un contrat fait sous la forme d'une lettre acceptant sans restriction une proposition formulée par lettre est définitivement conclu dès que la lettre d'acceptation a été jetée à la poste ou remise à l'intéressé.

VII.—Instructions pratiques.

En envoyant des renseignements, on devra observer si le contrat est simple ou spécial. (Voir la dernière section.)

Dans tous les cas, le contrat lui-même ou les lettres et copies de lettres qui constituent le contrat devront être transmises. On fera connaître également les circonstances dans lesquelles le contrat a été conclu et les points sur lesquels il y a discussion entre les parties.

Les informations *générales* à fournir sont indiquées tableau A, page 152.

Chapitre V.

DE QUELQUES CONTRATS PARTICULIERS.

1.—*Transport de marchandises par terre.*

2.—*Responsabilité des commissionnaires.*

3.—*Transport de marchandises par eau.—Dangers et accidents de mer.*

4.—*Contrats par intermédiaire.—Responsabilité du commettant.*

5.—*Instructions pratiques.*

I.

Tout commissionnaire pour les transports par terre est obligé de recevoir et de transporter à un prix raisonnable les marchandises qui lui sont confiées, à moins que ces marchandises ne soient d'un transport dangereux, ou qu'elles ne soient tout à fait différentes de celles qu'il a l'habitude ou la possibilité de transporter. Il doit prendre soin de ces marchandises et les remettre à destination dans l'état où il les a reçues. Il est redevable de compensations pour le dommage éprouvé par ces marchandises, à moins que ce dommage ne provienne de causes inévitables.

Le commissionnaire jouit du *lien*, ou droit de recours, pour le prix de son louage ; mais ce droit est limité au transport de chaque envoi particulier et ne peut être invoqué au profit d'un règlement général de comptes ou de précédents transports.

II.

La responsabilité du commissionnaire est limitée par un Acte du Parlement, à moins que la valeur et la nature de l'objet transporté n'aient été déclarées au moment où cet objet a été déposé et que le prix payé n'ait été réglé d'après un tarif supérieur, tarif que ce commissionnaire est obligé de faire connaître.

Dans un cas de ce genre, le commissionnaire n'est pas responsable de la valeur énoncée comme étant celle de l'objet, mais il est responsable du dommage éprouvé par cet objet, dommage dont l'étendue doit être constatée par les voies légales ordinaires.

La responsabilité, quant aux marchandises, cesse avec leur remise à destination. Cependant, elle reste encore engagée pour la perte ou les avaries éprouvées par ces marchandises pendant leur transport, à moins que ces avaries ne soient la conséquence d'un emballage incomplet ou inusité, auquel cas le dommage retombe sur le consignateur.

III.

Les commissionnaires pour les transports par eau sont, en l'absence de tout contrat spécifique, sujets aux mêmes obligations et responsabilités que les commissionnaires pour les transports par terre; le fait que le lieu de destination est au delà des mers et hors du royaume ne provoque aucune différence entre eux.

Quand quelqu'un s'est engagé à transporter une cargaison ou des marchandises d'un point à un autre, il est implicitement entendu qu'il doit les transporter saines et sauves, et qu'il est obligé de compenser toute perte et tout dommage résultant d'un accident ou du hasard, à moins que ces avaries n'aient été occasionnées par un cas de force majeure, un sinistre de mer ou un événement de guerre.

Le commissionnaire pour le transport par eau est responsable des avaries qui sont le fait de sa propre négligence et de son manque d'habileté, ou qui proviennent de la négligence, de l'inconduite et de l'inhabileté de la personne à laquelle il a confié le soin de conduire le navire porteur des dites marchandises.

Si ce commissionnaire a surchargé son navire et si cette surcharge fait sombrer ce navire dans un coup de vent, l'événement est considéré comme étant la conséquence de sa négligence. Mais si, le bâtiment n'étant pas démesurément chargé, sa perte a été causée seulement par la violence du vent et des vagues, alors l'événement est envisagé différemment.

Pour découvrir si la perte du navire doit être imputée à la négligence ou à la maladresse des subordonnés du commissionnaire, les règlements maritimes, les usages et règlements particuliers à tel port et à tel fleuve, l'état du vent, de la marée, des phares, la vigilance exercée par le capitaine et l'équipage, en un mot, toutes les circonstances qui se rattachent à la conduite et à la direction du navire doivent être étudiées et envisagées comme autant d'éléments de diagnostique propres à éclairer la question.

IV.

Avant de résoudre la question de savoir jusqu'à quel point un agent lie son commettant, il est nécessaire de faire ressortir la distinction qui existe entre les agents généraux et les agents particuliers.

Si une personne confie à une autre le soin de vendre un certain cheval, cette autre personne est un agent particulier. Si, au contraire, cette seconde personne est chargée de vendre tous les chevaux qui lui sont expédiés de temps à autre, elle est un agent général.

Si un agent particulier outrepasse ses pouvoirs, son commettant n'est pas lié par ses actes.

Si un agent général empiète sur les limites de son autorité, son commettant est lié par ses actes, pourvu, toutefois, que l'empiétement commis ne dépasse pas la portée habituelle des attributions professionnelles de cet agent.

Une action intentée à un agent ne pourra pas reposer sur le simple fait que cet agent a omis de remplir une commission, à moins que l'obligation de faire cette commission ne ressorte pour lui, soit des devoirs de sa profession, soit d'un contrat spécifique. Mais si le dit agent entreprend d'accomplir cette mission, voire gratuitement, il est passible d'une poursuite au cas où il n'aurait pas apporté dans l'exécution de sa tâche le soin et la bonne foi voulus.

Si un commettant congédie ou destitue un agent, il doit immédiatement porter ce fait à la connaissance de ses clients et annoncer publiquement que le dit agent a cessé de le représenter. En outre, s'il advenait que cet agent continuât à se faire passer comme ayant conservé sa situation primitive vis-à-vis du commettant, ce dernier serait dans l'obligation de le poursuivre sous peine d'être tenu pour responsable des avances qui auraient pu être faites au susdit agent dans la pensée que ce dernier était encore le mandataire du commettant.

Quand un agent fait un contrat en son propre nom pour un commettant qu'il ne fait pas connaître, ou l'agent ou le commettant peut poursuivre en justice.

La signature d'un agent employé seulement par le vendeur ne lie pas l'acheteur; mais si ce dernier invite l'agent à signer la note à sa place, il le constitue, de ce fait, son agent pour ce cas particulier.

Lorsqu'un marchand anglais achète pour compte d'un étranger, il est d'usage que le crédit soit porté au nom de l'acheteur anglais et non à celui de l'étranger.

Dans une association, chaque individu constitue l'autre son agent; mais pour les rendre responsables l'un vis-à-vis de l'autre comme associés, il doit y avoir communauté de profits.

V.—Instructions pratiques.

Toutes les fois qu'on sera amené à consulter sur une question de responsabilité concernant un commissionnaire ou un agent, ou sur tout autre fait du même ordre, les lettres et documents, qui ont trait à l'incident, devront être transmis au *Solicitor* qu'on s'est choisi. On lui communiquera en même temps les informations indiquées dans le tableau A, page 152, ainsi qu'un exposé précis des circonstances qui ont amené et accompagné le cas au sujet duquel on consulte.

CHAPITRE VI.

DES LETTRES DE CHANGE, CHEQUES, ETC.

1.—*Similitude au point de vue de la loi entre les lettres de change, les billets à ordre et les chèques.*

2.—*Importance qu'il y a à obtenir l'une ou l'autre de ces valeurs en paiement de marchandises vendues.*

3.—*Lettres de change " Inland" et " Foreign."—Timbre.— Jours de grâce.—Décharge de responsabilité.*

4.—*Chèques. — Leur utilité et leur importance. — Chèques nantis de lignes transversales.—Observations générales.*

5.—*Instructions pratiques.*

I.

Aux yeux de la loi anglaise, il n'y a pas de différence entre les lettres de change, les billets à ordre et les chèques sur un banquier, quant aux moyens légaux à employer pour en obtenir le paiement. Les responsabilités encourues en Angleterre du fait d'engagements de ce genre, sont à peu près les mêmes que dans les pays étrangers.

II.

Les moyens légaux de recouvrement, en ce qui concerne ce genre de créances, sont beaucoup plus rapides et plus économiques que les moyens légaux usités en matière de dettes ordinaires. Aussi est-il très-important pour un marchand étranger qui vend des marchandises à quelqu'un en Angleterre d'obtenir, si possible, de ce quelqu'un une lettre de change, un billet à ordre ou un chèque, en payement des dites marchandises ; ou, tout au moins, de faire régler, en valeurs de cette sorte, la plus grande partie de son compte. En effet, toute action, intentée à propos d'un engagement de cette nature dans les six mois qui suivront la date à partir de laquelle la somme correspondante est devenue exigible, aboutira à un jugement beaucoup plus vite et beaucoup plus sûrement que si cette action prenait son origine dans un cas ordinaire de marchandises vendues.

En face d'une lettre de change, d'un billet à ordre ou d'un chèque, un défendeur ne peut faire valoir aucun moyen de défense, à moins qu'il n'y soit autorisé par le juge. Cette autorisation ne lui sera accordée que s'il formule sous serment un *affidavit* démontrant manifestement et immédiatement au juge que la lettre de change, par exemple, n'avait pas été donnée à titre de *valeur reçue*, ou que la transaction a été frauduleuse ou illégale.

III.

Les lettres de change en Angleterre sont dites *foreign* (étrangères) quand elles sont tirées par un marchand à l'étranger sur son correspondant en Angleterre, ou *vice versâ*.

Elles sont dites *inland* (intérieures) quand le tireur et l'accepteur résident tous deux dans le Royaume-Uni, ou quand elles sont tirées et payables en Angleterre.

Les timbres à appliquer sur les lettres de change *foreign* sont les mêmes que ceux à apposer sur les lettres de change *inland*.

En outre du timbre conforme à la loi du pays où elle a été tirée, une lettre de change, avant d'être présentée ou négociée en Angleterre, doit être munie d'un second timbre conforme à la loi anglaise. Ce dernier timbre se colle sur la lettre de change et doit être biffé par la personne qui la négocie ou la présente.

En Angleterre, trois jours de grâce sont accordés aux lettres de change qui sont faites payables à échéance fixe ; mais cette faculté n'existe pas eu égard aux lettres de change payables à vue ou à présentation.

Les Tribunaux anglais tiennent toujours compte des lois du pays où la lettre de change a été faite.

Conséquemment, comme d'après la loi française l'endossement en blanc d'une lettre de change ne transfère aucun droit à la propriété de cette valeur, le détenteur d'une lettre de change, tirée et endossée en blanc en France, ne peut en poursuivre le recouvrement contre l'accepteur en Angleterre.

Une lettre de change *foreign*, qui n'est pas payée ou acceptée à présentation, doit être protestée.

Une lettre de change *inland* n'exige pas de *protêt.*

Dans le cas où une lettre de change *foreign* ou *inland* n'est pas payée ou acceptée à l'époque voulue, ce fait doit être immédiatement notifié à toutes les personnes contre lesquelles le détenteur veut avoir recours. La notification se fait, par écrit, en la livrant à domicile ou la jetant à la poste, dans le courant de la journée qui suit le refus de paiement ou d'acceptation. Afin que protêt et notification se fassent dans les conditions et formes voulues, il est important que l'effet soit présenté par un intermédiaire initié à la pratique de la loi anglaise.

Si le détenteur d'une lettre de change accorde à un endosseur ou à l'accepteur un certain temps pour payer, les endosseurs subséquents seront déchargés de toute responsabilité.

IV.

L'usage des *chèques* ne tardera vraisemblablement pas à devenir plus général qu'il ne l'est aujourd'hui à l'étranger.

L'avantage qu'il y a à avoir un compte chez un banquier plutôt que de garder son argent en caisse est évident, et du côté du banquier, et du côté du client.

En Angleterre, les chèques, quand ils portent transversalement le nom d'un banquier, ou quand ils sont simplement munis de deux lignes transversales, ne peuvent être payés que par l'intermédiaire d'un banquier. Et si le nom d'un banquier a été écrit transversalement sur le chèque, c'est ce banquier seul qui pourra encaisser. Ces mesures de précaution donnent la presque certitude que le chèque ne sera jamais payé qu'à bon escient.

Un chèque doit être encaissé sans retard. En ajournant ce soin, on s'expose à ce que les fonds à la disposition du banquier soient réduits ou absorbés par d'autres paiements, toutes choses qui peuvent être préjudiciables au détenteur du chèque en cas d'insolvabilité du banquier ou du tireur.

Dans un livre aussi résumé que celui-ci, il est impossible d'expliquer complètement les nombreux points, incidents, difficultés, d'occurrence fréquente, qui sont du ressort de la loi sur les lettres de change. Ce qui vient d'être dit de cette loi suffira, cependant, pour en définir l'esprit et pour en faire connaître les dispositions principales. Quant aux informations spéciales à tel cas particulier, il sera bon de les demander à tel *Solicitor* qu'on aura choisi.

V.—Instructions pratiques.

En matière de poursuites basées sur une lettre de change, un billet à ordre ou un chèque, les informations signalées dans le tableau A, page 152, sont nécessaires. On y joindra le document lui-même, le protêt et un compte de toutes les dépenses faites pour notariat, rechange ou commission.

Le plus souvent, il sera bien de faire connaître immédiatement les circonstances qui ont mis la lettre de change entre les mains de son détenteur, c'est-à-dire d'expliquer si cette lettre de change lui a été remise en paiement de marchandises vendues, ou comme effet à escompter. Il y a intérêt à démontrer que la remise de la lettre de change a eu un caractère absolument sérieux, afin que la partie à laquelle on en réclame le montant ne puisse invoquer aucun moyen de défense. Dans ce but, la communication de la correspondance pourra être très utile.

Chapitre VII

DES CAUTIONNEMENTS ET GARANTIES EN MATIÈRE COMMERCIALE.

1.—*Définition du cautionnement.—Timbre.*

2.—*Responsabilité de la caution.*

3.—*Garantie formelle et implicite.*

4.—*Achats de marchandises sur échantillons.*

5.—*Droits de l'acheteur en cas de mauvaise foi ou de fraude de la part du vendeur.*

6.—*Instructions pratiques.*

I.

Un cautionnement est une promesse ou un engagement aux termes duquel une personne s'engage à exécuter une obligation contractée par une autre, dans le cas où celle-ci n'y satisferait pas elle-même.

Cet engagement doit être écrit et signé par la personne qui se porte caution (communément appelée en France : la caution), ou doit être autorisé et reconnu valable par cette personne.

Tout cautionnement donné pour le paiement de marchandises vendues à un tiers est exempt du droit de timbre.

Mais si le cautionnement n'a pas trait exclusivement à la vente de marchandises et de biens mobiliers, l'acte qui le représente doit être muni d'un timbre de *six pence* (60 cent.,) appelé en anglais *agreement stamp*. Ce timbre, s'il n'a pas été apposé sur l'acte représentatif de la caution, avant la signature de cet acte, y devra être appliqué dans les quatorze jours qui suivront la date de cette signature. Faute de remplir cette formalité, ce document ne pourra être produit en justice sans y être frappé d'une amende de 10 livres st.

La forme dans laquelle est donné un cautionnement et les soins à prendre pour ne pas le laisser s'éteindre sont deux points qui exigent une attention spéciale.

La moindre modification dans la situation des parties par rapport à la caution dégagera immédiatement celle-ci, à moins que l'intention contraire n'apparaisse distinctement comme étant la sienne.

Ainsi, après un changement dans la composition d'une association, tout cautionnement donné à cette association ou par cette association s'éteindra, à moins que l'intention contraire n'apparaisse distinctement du côté de la caution.

II.

La caution sera tenue pour responsable, seulement dans le cas de perte effective. Sa responsabilité ne peut être étendue au delà des limites fixées par les termes de l'engagement. S'il arrive enfin que cette caution soit obligée de payer, elle peut exiger de la personne près de laquelle elle s'est portée garant toutes les garanties dont cette personne est détenteur par rapport à l'individu objet du cautionnement.

Le total de la dette garantie n'a pas besoin maintenant d'être spécialement mentionné. Une caution peut exister à l'état appelé "continu," c'est-à-dire pour tout solde de compte qui pourra être dû de temps à autre, ou pour tout acte de négligence, du fait duquel la personne qui accepta la caution subira un préjudice, ce qui peut arriver, par exemple, si, comptant sur la caution, cette personne fait crédit ou accorde un emploi à l'individu dont a dette ou la conduite est garantie.

Une simple offre de donner une caution n'est pas suffisante.

Il est nécessaire que cette offre soit clairement et directement acceptée par la personne qui doit recevoir le cautionnement.

III.

Une garantie est l'assurance donnée par un vendeur à un acheteur que tel article acheté par ce dernier est de tel genre ou de telle qualité.

Si cette assurance est donnée au moment de la vente, elle lie celui qui la donne, même si elle n'a été formulée que verbalement ; mais si elle est donnée après la vente, elle doit, pour être valable, être formulée par écrit.

En l'absence de l'une ou de l'autre de ces assurances du côté du vendeur, la loi présume le fait d'une "garantie générale," et toute acquisition que l'acheteur a été amené à faire par suite d'exagérations ou de dissimulations déloyales de la part du vendeur est annulable.

Un acheteur est obligé, toutefois, à témoigner de soin et de circonspection dans ses achats. Si sa négligence l'a empêché, au moment de la vente, de découvrir dans la marchandise vendue des défauts qui, dès lors, y étaient apparents et qu'il ne reconnaît pourtant que plus tard, il subit les conséquences de son inattention. Même résultat s'il achète des marchandises pour lesquelles il s'aperçoit ensuite qu'il n'y a pas de débouché.

Une garantie peut être "expresse ou implicite." Si une déclaration a été faite par le vendeur—soit verbalement à l'époque d'une vente ou avant cette époque, soit par écrit à l'heure de la vente—quant à la quantité ou à la nature des marchandises vendues, cette déclaration constitue une garantie "expresse."

Toutes les fois qu'une garantie a ce caractère, l'acheteur, si la garantie est reconnue fausse ou si les marchandises en question diffèrent tant soit peu de ce qu'elles devraient être pour correspondre aux assertions du vendeur, est en droit d'obtenir une compensation ou de retourner les dites marchandises.

Quand l'achat et la vente se rattachent à un commerce particulier, les parties sont présumées contracter en conformité avec les usages reçus dans ce genre de commerce ; la garantie est alors "tacite" ou "implicite."

Ainsi, si un article est demandé pour un usage particulier, il est "implicitement" entendu que cet article sera approprié à l'usage auquel on le destine.

De même, dans tout contrat relatif à des marchandises manufacturées, la garantie que ces marchandises seront bien conditionnées est "implicitement" comprise dans le contrat.

De même encore, si un vendeur sait qu'un acheteur se repose sur son appréciation et sa bonne foi pour ne pas recevoir de lui des marchandises ayant quelques défauts cachés, ou si l'acheteur est dans l'impossibilité d'examiner les marchandises qu'il achète, il y a "garantie implicite."

IV.

Dans une vente par échantillon, le fait que la marchandise vendue sera en tous points identique à l'échantillon produit est "implicitement garanti."

Dans toutes les opérations de vente, et à moins que le

contraire n'ait été réglé, il est "implicitement garanti" que les marchandises sont en la possession du vendeur ou sous sa dépendance, et que ce vendeur les livrera en conséquence de son contrat.

Si, dans une vente de marchandises par échantillon, les marchandises se trouvent être inférieures à l'échantillon, l'acheteur n'est pas obligé de les accepter ni de les payer. Toutefois, il doit les retourner immédiatement, s'il peut le faire sans les exposer à être avariées, ce qui dépend à la fois et de la nature de ces marchandises et de leur lieu d'expédition. L'acheteur n'a pas le droit de détenir ces marchandises à titre de garantie du paiement de dommages-intérêts pour la non-exécution du contrat.

S'il les garde en sa possession pendant plus de temps qu'il n'en faut pour les examiner au point de vue de la quantité et de la qualité, il est considéré comme les ayant acceptées et est forcé de les payer.

Si des marchandises ont été examinées avant d'être achetées, l'acheteur n'a pas le droit de les retourner. Il ne peut les renvoyer que dans le cas où il n'a pas eu l'occasion ou la possibilité de contrôler leur qualité ou leur quantité au moment de l'achat.

V.

La *Court of Chancery* interviendra au bénéfice de l'acheteur toutes les fois que ce dernier aura été induit, par de faux renseignements, à faire telle acquisition, alors même que l'auteur de ces faux renseignements n'aurait pas été absolument de mauvaise foi en les donnant.

La dissimulation de certains faits du côté du vendeur suffit à provoquer cette intervention de la *Court of Chancery* au profit de l'acheteur. Toute personne qui induit l'acheteur en erreur par des paroles ou par des actes, et lui cause ainsi un préjudice sérieux, est tenue pour responsable de ce préjudice.

La responsabilité d'une personne qui a signé un cautionnement ou donné une garantie peut se trouver passible
d'interprétations légales tellement subtiles— dans le cas où
cette responsabilité ne serait pas clairement définie par le
document qui la représente — qu'il est sage de confier à un
homme de loi la rédaction d'un acte de ce genre.

VI.

INSTRUCTIONS PRATIQUES.

En outre des renseignements demandés dans le tableau
A, page 152, on devra expédier, en original ou en copie, le
document—représentatif du cautionnement ou de la garantie
—sur lequel la personne qui consulte fait reposer ses droits
à une action judiciaire.   Il sera également important d'exposer complétement les considérations propres à établir que
l'affaire en question est arrivée à ce point où le droit issu
du cautionnement ou de la garantie peut être exercé, et
celles qui sont aptes à montrer que les circonstances se sont
produites qui permettent au demandeur de faire valoir
sa réclamation.

Les réclamations et incidents qui se produisent dans
l'ordre de faits légaux traités dans ce chapitre sont relativement compliqués et variés.   Aussi serait-il difficile de
spécifier ici tous les renseignements dont l'envoi peut être
utile.   Ceux ci-dessus demandés sont suffisamment complets pour permettre à un homme de loi expérimenté de
formuler une première opinion, quand même il aurait besoin
d'un complément d'informations pour étayer un avis définitif, ou pour commencer des poursuites.

Chapitre VIII.

DE L'ARRÊT DE MARCHANDISES EN VOIE DE TRANSMISSION.

1.—*Dans quelles circonstances on peut arrêter des marchandises en voie de transmission.*

2.—*Limites assignées à ce droit.*

3.—*Responsabilités encourues par les gardiens de marchandises contre lesquelles il a été usé du droit d'arrêt.*

4.—*Instructions pratiques.*

I.

L'arrêt de marchandises en voie de transmission constitue, pour le marchand étranger, un pouvoir de grande importance. C'est le droit qu'a celui qui a vendu des marchandises à crédit de contremander la remise de ces marchandises et d'en reprendre possession directement ou par l'intermédiaire de son agent, si l'acheteur est déclaré en faillite ou reconnu insolvable.

Le contre-ordre peut être donné soit verbalement, soit par écrit ; naturellement, il ne peut être efficace que s'il est formulé avant la remise des marchandises à l'acheteur, c'est-à-dire pendant qu'elles sont encore en cours de transmission.

II.

Des marchandises sont réputées "en voie de transmission" aussi longtemps qu'elles se trouvent entre les mains du commissionnaire pour le transport, ou tant qu'elles restent déposées dans les wharfs, entrepôts et autres lieux de dépôt.

Si, avant que le contre-ordre ait été donné, un transfert des connaissements ou de quelque autre reçu, de caractère légal, émanant des préposés de l'entrepôt ou du wharf, a été délivré à un tiers agissant de bonne foi, le vendeur perd son droit d'arrêt.

La question de savoir si un consignateur est en droit de contremander la remise de marchandises et de les arrêter se résout en constatant si quelque remise effective a été faite ou non au consignataire, ou si ce dernier a fait ou non, à l'endroit de ces marchandises, acte de propriété. Si oui, le consignateur est déchu de son droit. Si non, le droit dont il est parlé ici subsiste et peut être exercé.

Le consignateur, qui veut faire des démarches pour arrêter ses marchandises en cours de transmission, n'a pas besoin de procéder à une saisie réelle ; il suffit qu'il notifie son intention au commissionnaire chargé du transport ou aux surveillants du wharf, suivant que les dites marchandises sont entre les mains de l'un ou des autres.

III.

A la réception d'une telle notification, la personne à laquelle on l'adresse a pour devoir de retenir les marchandises signalées à son attention. Si ces marchandises étaient livrées à l'acheteur, le vendeur pourrait non-seulement poursuivre l'individu entre les mains duquel elles seraient passées, mais encore tenir pour responsable de leur perte le commissionnaire ou le propriétaire de l'entrepôt.

Pour être efficace, la notification ci-dessus désignée doit être signifiée à la personne à la garde de laquelle, lors de cette notification, les marchandises en question sont réellement confiées.

Le droit d'arrêt des marchandises ne peut être pratiqué qu'autant que le consignateur et le consignataire sont vis-à-vis l'un de l'autre dans la situation du vendeur par rapport à l'acheteur. Il ne saurait avoir cours, s'il était revendiqué par un tiers à propos de marchandises pour lesquelles ce tiers aurait donné sa garantie.

IV.—Instructions pratiques.

Le consignateur qui, découvrant que le consignataire est insolvable, désire procéder à l'arrêt de marchandises envoyées ou déjà rendues en Angleterre, ou les faire retenir lors de leur arrivée dans ce pays, doit transmettre aussi rapidement que possible à son *Solicitor*, à Londres, les informations suivantes, sans préjudice des renseignements demandés dans le tableau A, page 152.

Un double de la facture d'envoi, énumérant le contenu de chaque caisse,—les marques faites sur ces caisses,—la date de l'expédition,—l'adresse du destinataire,—le mode de transport employé,—la voie par laquelle s'effectue ce transport,—le nom du commissionnaire expéditeur.

En même temps et immédiatement, des démarches seront faites auprès des Compagnies de chemins de fer ou de l'expéditeur pour connaître exactement la route suivie par les marchandises, le nom du navire qui les transporte, les noms des agents, du commissionnaire et du gardien d'entrepôt par les mains desquels ces marchandises passeront en arrivant à Londres.

Les divers renseignements recueillis au cours de ces investigations seront aussitôt envoyés par l'Intéressé à son *Solicitor*. Le consignateur fera également connaître les raisons qui l'amènent à croire que le consignataire serait incapable de payer les marchandises, si elles lui étaient livrées.

CHAPITRE IX

DU LIEN OU DROIT DE RECOURS DONNÉ A CERTAINS CRÉANCIERS SUR CERTAINS OBJETS APPARTENANT AU DÉBITEUR.

1.—*Explication du droit de recours.*

2.—*Personnes investies de ce droit.*

3.—*Quand et comment elles peuvent en faire usage.*

4.—*Instructions pratiques.*

I.

Le droit de recours, appelé *lien* en Angleterre, est un droit,—créé par la loi dans l'intérêt général du commerce ou consacré par l'usage dans certains cas particuliers,—aux termes duquel une personne est autorisée à retenir un objet ou un bien appartenant à une autre, soit comme garantie d'une somme d'argent prêtée sur cet objet, soit comme gage de la rémunération due à des travaux matériels ou intellectuels portant sur cet objet, soit, enfin, comme solde d'un compte entre deux parties.

II.

Quand un prêt est fait, *dans un pays étranger*, au capitaine d'un navire pour le mettre à même de continuer sa route, le prêteur a droit de recours sur le navire sans avoir besoin de faire intervenir, pour exercer ce droit, aucun instrument hypothécaire.

Le capitaine d'un navire a droit de recours sur les bagages d'un passager pour le prix du passage de ce dernier, et sur la cargaison pour le paiement du fret, déboursés ou réparations qui pourront y être nécessaires durant le voyage.

Un navire est passible du droit de recours pour le coût des réparations à lui faites dans un port anglais, aussi longtemps que ce navire est retenu. Le droit de recours cesse avec le départ du bâtiment.

Pour le règlement de leurs comptes, les banquiers ont droit de recours sur les valeurs que, comme banquiers, ils ont reçues en dépôt de leurs clients.

Les courtiers, commissionnaires et agents ont droit de recours sur les marchandises ou biens que leurs commettants leur ont consignés, tant que ces objets sont en leur possession, ou sur le prix de ces marchandises si elles sont passées entre les mains d'un acheteur.

Les *solicitors* ont droit de recours, pour le règlement de leurs honoraires, sur les titres et papiers qui sont entre leurs mains et sur les sommes recouvrées par leur intermédiaire.

Les hôteliers, voituriers, marchands, artisans, etc. ont droit de recours sur tout bien ou objet à eux confié pour toute dette contingente à leur genre de profession ou d'affaires.

Le vendeur d'une propriété foncière ou immobilière a droit de recours sur cette propriété pour le paiement de la totalité ou d'une partie quelconque du prix de vente.

III.

Le droit de recours n'existe pas là où le propriétaire de la chose déposée peut déplacer ou enlever cette chose à son gré, ainsi que cela a lieu, par exemple, dans les établissements connus sous le nom de pensions pour les chevaux.

Il est à remarquer qu'en général le droit de recours n'entraîne pas comme conséquence le droit de vendre l'objet retenu en gage. Si, pourtant, le fait de conserver cet objet entraîne des dépenses, on a la faculté de le vendre.

Le droit de recours sur un objet ne peut être exercé dans les cas suivants : si la possession du dit objet a été obtenue à tort ou par de fausses énonciations; s'il a été remis par un domestique ou un agent non autorisé;—si cet objet provient d'un failli ou d'une personne menacée de faillite;—si le détenteur de l'objet accepte une autre garantie spéciale à la place de cet objet, ou s'il se dessaisit soit de la totalité ou d'une partie de l'objet ou propriété en question.

IV.

Instructions pratiques.

Les renseignements à fournir sont indiqués page 152, tableau A. En outre de ces informations, l'étranger qui a droit de recours sur des marchandises ou propriétés en Angleterre et qui désire l'exercer doit transmettre au praticien, dont il s'est ménagé le concours, tous les détails relatifs aux circonstances d'où surgit le droit de recours et au dépositaire des dites marchandises ou propriétés. Il doit aussi faire connaître la date à laquelle a eu lieu le dépôt, les circonstances dans lesquelles il a été effectué, la nature de ce dépôt, la somme pour le recouvrement de laquelle s'exerce le droit de recours. Toutes les lettres et tous les documents établissant ce droit ou s'y rattachant seront également envoyés.

Chapitre X.

DE LA CONTRAINTE PAR CORPS, SAISIE DE BIENS OU OPPOSITION.

1.—*Explications générales.*

2.—*Saisie-arrêt des biens d'un débiteur par l'intervention des Cours supérieures.*

3.—*Saisie-arrêt par l'intermédiaire du "Lord Mayor's Court of London" (Cour du Lord-Maire à Londres).*

4.—*Instructions pratiques.*

I.

La contrainte par corps ou par saisie de biens, appelée en Angleterre *attachment*, est un procédé légal dirigé soit contre la personne, soit contre la propriété d'un débiteur.

Dirigé contre une personne, l'*attachment* autorise l'arrestation et l'emprisonnement ou l'amende, ou les deux peines à la fois, pour contumace, mépris ou désobéissance par rapport aux ordres d'une des *Courts of Common Law* ou des *Courts of Chancery*, ou par rapport aux règlements de ces Cours. La connaissance de cette partie du sujet n'est pas nécessaire aux étrangers.

Dirigé contre la propriété, l'*attachment* permet au créancier de mettre opposition sur l'argent, les marchandises et autres biens dus ou appartenant au débiteur, pour garantir le paiement de la somme réclamée à ce dernier.

II.

Tout créancier qui a obtenu un jugement devant l'une des Cours supérieures et qui ne parvient pas à obtenir le paiement correspondant à ce jugement peut, sur un ordre du juge, faire interroger son débiteur relativement aux créances, à l'argent, aux valeurs qui peuvent appartenir à ce dernier ou lui être dus—soit que ces valeurs et cet argent se trouvent en la possession du dit débiteur, soit qu'ils se trouvent aux mains d'un banquier, d'une compagnie ou d'un tiers susceptible d'être poursuivi en recouvrement. Il peut aussi faire délivrer un ordre aux termes duquel il est fait opposition à cet argent et à ces valeurs en garantie de la dette consacrée par le jugement.

III.

La *Lord Mayor's Court of London* (Cour du Lord-Maire de Londres) possède un privilége particulier et spécial, qui dépasse de beaucoup les pouvoirs des Cours supérieures. En effet, l'argent et autres biens ou valeurs, placés dans le cercle d'action de cette Cour, peuvent être l'objet d'une opposition avant qu'aucun jugement n'ait été obtenu.

Bien que ce pouvoir soit seulement applicable aux marchandises, à l'argent et aux biens dont le lieu de dépôt se trouve en dedans des limites de l'ancienne Cité de Londres, il n'en est pas moins d'une grande utilité —particulièrement pour les créanciers étrangers—quand on observe que la plupart des magasins, des docks, des maisons de banque et des agences sont précisément situés dans la Cité et relèvent conséquemment de la juridiction de la Cour du Lord-Maire.

Il arrive souvent, dans certains cas où des marchandises ont été livrées dans des circonstances qui font soupçonner à l'intéressé quelque fraude, que ces marchandises ou que l'argent et les biens d'un débiteur peuvent être, à l'aide de recherches promptes et actives, retrouvés entre les mains de quelque gardien de quai, banquier ou agent relevant de la juridiction de la Cour du Lord-Maire, et qu'une opposition peut être formée qui empêchera ce banquier ou ce gardien de se dessaisir des dites marchandises ou du dit argent.

Sur la remise d'un *affidavit* dûment complété (voir chapitre 27) témoignant d'une dette contractée vis-à-vis d'un créancier de bonne foi, la Cour du Lord-Maire rendra une ordonnance aux termes de laquelle l'argent, les marchandises et autres objets qui peuvent être la propriété du débiteur seront frappés d'opposition entre les mains d'un tiers, si ce tiers relève de la juridiction de la dite Cour.

Quand un pareil ordre a été remis à la personne qui détient l'argent ou les marchandises ci-dessus définis, cette personne ne peut se dessaisir de ces valeurs tant que le payement de la somme réclamée n'aura pas été efficacement garanti pour l'heure et pour le cas où les poursuites engagées établiraient la validité de la réclamation.

Des pouvoirs à peu près semblables à ceux de la Cour du Lord-Maire à Londres sont accordés à certaines Cours locales, telles que celles de Bristol, Lancaster et d'une ou deux autres villes, et aux Tribunaux de l'Ecosse.

- IV.

INSTRUCTIONS PRATIQUES.

L'*affidavit* de la dette peut être fait, soit par le réclamant lui-même, soit, en son nom, par un agent qui doit être à même, de par sa propre connaissance de l'affaire, de prouver et d'affirmer l'existence de la dette.

Comme le succès des poursuites de ce genre dépend presque complétement de la promptitude et de la vigueur avec lesquelles elles seront commencées et conduites, il est extrêmement important que les indications requises dans le tableau A, page 152, soient transmises sans délai.

Les lettres de change, les documents établissant le caractère *bonâ fide* de la dette, les renseignements sur les antécédents du débiteur, sur sa résidence, sur l'endroit où il a son bureau, sur l'endroit où l'on suppose que ses marchandises et biens pourront être trouvés, sur la nature de ces valeurs, le nom de son banquier, etc., constituent autant d'éléments d'information qu'on ne doit pas négliger de joindre aux indications précédemment mentionnées.

Chapitre XI

DE LA FAILLITE ET DE LA LIQUIDATION.

EN DEUX CHAPITRES.

FAILLITE,

1.—*Récentes modifications dans les lois.*

2.—*Dans quelles circonstances un débiteur peut être déclaré en faillite.—Procédure et droit d'investigation dans ses affaires.*

3.—*A quelles conditions un failli peut être relevé de l'état de faillite.*

4.—*Points de pratique spécialement importants pour les étrangers.*

5.—*Assignations des débiteurs.—Mode de procédure.*

6.—*Façon de prouver ou d'établir une dette dans une Faillite.*

I.

La loi sur les faillites a subi récemment en Angleterre d'importantes modifications.

Il serait impossible, voire dans un volume beaucoup plus gros que celui-ci, de donner même un aperçu des différentes dispositions de la loi qui régit actuellement la question des faillites ; mais la connaissance de toutes ces dispositions n'est pas nécessaire à un créancier résidant à l'étranger.

Ce que cet étranger a particulièrement besoin d'apprendre, à l'aide de renseignements clairs et pratiques, c'est la façon dont il doit agir pour sauvegarder ses intérêts et ses droits de créancier vis-à-vis d'une personne mise en faillite en Angleterre, ou y sollicitant un arrangement de ses affaires.

Aucune partie de la législation anglaise ne se recommande plus spécialement que celle-ci à l'attention des maisons de commerce étrangères, au point de vue des obligations pratiques qu'elle entraîne, c'est-à-dire au point de vue des précautions à prendre et de la forme à observer pour donner à la production des titres de créances et aux *affidavits* le caractère régulier et légal dont ils doivent être revêtus pour n'être pas rejetés, ainsi que cela arrive trop souvent de par le manque de soin des intéressés.

De toutes les questions et démarches contingentes à une demande de mise en faillite (ou à une demande de liquidation à l'amiable—voir le chapitre suivant), aucune n'est plus importante pour les créanciers étrangers que la production—dès la première réunion—de *l'affidavit* propre à établir leurs créances et de leurs titres, ainsi que la désignation, à l'aide d'une simple note manuscrite, d'une personne destinée à les représenter, en toutes circonstances, vis-à-vis du débiteur. La forme dans laquelle cette désignation du représentant du créancier doit être rédigée est indiquée au bas de *l'affidavit de la dette,* pages 155 et 157 de l'appendice, et aussi dans le modèle page 163.

On ne saurait trop insister sur l'importance qu'il y a pour les créanciers étrangers, commerçants ou autres, à bien établir la preuve de leur créance et à se faire représenter dans chaque réunion.

Comme la loi actuelle laisse entre les mains des créanciers (tout au moins aux mains de ceux qui établissent leurs créances et qui assistent ou sont représentés aux réunions nécessaires), non-seulement le soin de diriger l'affaire qui les concerne et de choisir un *trustee* (commissaire), mais encore celui de régler la question de décharge du débiteur, il est évident que toutes les mesures et propositions relatives à l'affaire dépendent uniquement des créanciers eux-mêmes.

Prenons pour exemple, exemple beaucoup trop fréquent, le cas d'un de ces chevaliers d'industrie, de provenances cosmopolites, qui sont malheureusement assez nombreux à Londres, d'où ils exploitent la bonne foi des commerçants du continent.

Dans les cas de cette sorte, les créanciers résident le plus souvent à l'étranger. S'ils négligent d'établir le bien-fondé de leurs réclamations et de se faire représenter, le débiteur a ses coudées franches. Les créanciers présents aux réunions sont ses relations ou ses amis. Ceux-ci, en l'absence de toute opposition et de tout contrôle, s'abstiennent de rechercher l'actif du débiteur ; ils formulent, en revanche, telle résolution qu'il convient à celui-ci de leur faire adopter et qu'il a soin de combiner de façon à ne pas léser leurs intérêts. Bref, une transaction insignifiante est acceptée ; comme elle est consentie par la majorité, elle lie les autres créanciers, si bien, qu'en résumé, le débiteur se tire d'affaire à bon compte.

Si, au contraire, les créanciers étrangers avaient prouvé la validité de leurs créances et s'étaient entendus entre eux pour la recherche et l'examen de l'actif et des affaires du débiteur ; s'ils avaient simplement menacé de maintenir leur opposition, tant qu'ils n'auraient pas reçu le dividende voulu, ou que des offres de transaction plus avantageuses ne leur auraient pas été faites, le résultat eût été bien différent.

Conséquemment, il est du devoir du créancier étranger —dans l'intérêt du commerce étranger en général aussi bien que dans le sien propre—de ne jamais négliger de produire sa créance, et même de s'employer à établir une unité et communauté d'action entre les autres créanciers étrangers compris dans le même cas, de telle sorte qu'ils choisissent tous un seul et même représentant.

Cette attitude n'a pas seulement pour résultat la simple obtention d'un dividende plus considérable ou d'une transaction plus avantageuse. L'expérience prouve que, quand des maisons de commerce se sont montrées résolues à examiner minutieusement les affaires d'un débiteur appartenant à la catégorie des gens précédemment définis, ces maisons échappent dans l'avenir aux manœuvres que pratiquent ces sortes de gens pour se faire livrer des marchandises et vivre ensuite du produit de leur vente.

II.

Un débiteur en Angleterre peut être mis en faillite à la demande d'un ou plusieurs créanciers, représentant isolément ou dans leur ensemble une créance de 50 liv. st. Il peut, lorsqu'il se sent embarrassé dans ses affaires, solliciter de la *Court of Bankruptcy* une liquidation par arrangement et empêcher ainsi tel créancier d'obtenir contre lui tel avantage spécial.

Pour qu'un débiteur soit déclaré en état de faillite, il faut qu'un ou plusieurs créanciers, représentant une créance s'élevant à 50 livres st., adressent une pétition appropriée et l'appuient par la preuve que quelque acte qui *constitue l'état de mise en faillite* a été commis par le débiteur.

Un débiteur accomplit un acte qui constitue l'état de faillite : s'il fait un transfert de ses biens au bénéfice de ses créanciers ;—s'il essaie de dissimuler l'existence de ses biens ;—s'il abandonne ses affaires, dans le but de se dérober à l'action de ses créanciers, ou s'il dépose, de la façon prescrite par la Cour, une déclaration, dans laquelle il se reconnaît incapable de payer ses dettes ;—si, étant commerçant, une saisie a été ordonnée et exécutée contre lui pour toute somme se montant à 50 livres st.;—si, étant commerçant, il a négligé de payer ou de régler à l'amiable une somme d'au moins 50 livres st., dans les sept jours consécutifs à la *sommation* dont il est parlé plus loin ;—si, n'étant pas commerçant, il a négligé de payer une dette de 50 livres st., ou de la régler à l'amiable, dans les trois semaines qui suivent la remise de la *sommation* du créancier. Pour l'une ou l'autre de ces causes, un débiteur est passible d'une déclaration de faillite.

La Cour, après examen du cas, invite les créanciers à se réunir en assemblée générale pour la désignation d'un *trustée* chargé d'administrer les biens du débiteur, et pour la formation d'un *Comité d'inspection*.

Le droit d'investigation dans les affaires du failli est très étendu. Les personnes soupçonnées d'avoir en leur possession des biens qui lui appartiennent peuvent être interrogées ; toutes les lettres qu'il reçoit par la poste peuvent être, sur un ordre exprès, délivrées au *trustee*. En un mot, toutes les fois qu'on peut prouver qu'un débiteur cherche frauduleusement à se défaire de ses biens ou à les dissimuler, on peut obtenir de la Cour, dans des limites extrêmement étendues, le droit de scruter toutes ses affaires, de contrôler ses relations avec des tiers, de rechercher ce que sont devenus tels ou tels biens qu'il possédait.

III.

Le failli ne recevra pas de *décharge*, à moins qu'il ne soit prouvé à la Cour soit que son actif a produit un dividende pour le moins égal à 10 shillings par livre st., soit qu'une *résolution spéciale*, sollicitant en sa faveur un *ordre de décharge*, ait été adoptée par les créanciers. L'*ordre de décharge* ne dégage pas le failli des dettes ou responsabilités qui pèsent sur lui du fait de quelque fraude ou abus de confiance qu'il aurait commis.

Pour que la *résolution spéciale* ci-dessus définie soit valable, il faut qu'elle ait été prise à la majorité des voix dans une réunion de créanciers—ceux-ci ayant été régulièrement convoqués et ayant produit leurs titres de créance—et que cette majorité des voix représente les trois quarts des créances, dont les détenteurs assistent directement ou par intermédiaire à la dite réunion.

IV.

Quelques mots maintenant sur certains points qui concernent les étrangers.

Une personne résidant à l'étranger, mais qui vient de temps en temps en Angleterre pour y acheter des marchandises qu'elle revend sur le continent, est susceptible d'être atteinte par les lois anglaises relatives à la faillite.

Une décharge émanée d'un Tribunal étranger est un obstacle décisif à l'introduction d'une action en Angleterre pour le recouvrement d'une dette contractée à l'étranger antérieurement à la date de la dite décharge, mais il n'en est pas de même si la dette a été originairement contractée en Angleterre.

Une faillite déclarée à l'étranger est reconnue en Angleterre, de sorte que les syndics ou curateurs d'un failli, appelés à remplir ces fonctions par une juridiction étrangère, peuvent poursuivre en Angleterre le recouvrement de sommes dues au failli, à la masse faillie.

V.

Il est une façon de procéder souvent très-efficace qu'il importe aux créanciers étrangers de bien connaître : c'est la remise au débiteur, résidant en Angleterre, d'une demande de payement suivie d'une *sommation* appelée *debtor's summons*. Comme une telle invitation, s'il n'y est pas fait droit soit par le payement de la somme due, soit par un arrangement, a pour effet de rendre le débiteur susceptible d'être mis en faillite ; comme, en outre, la plupart des débiteurs redoutent de se voir placés dans une situation de ce genre, il arrive le plus souvent que la personne ainsi sommée fait un effort pour apaiser son créancier soit en le payant, soit en entrant en arrangement avec lui.

La première chose à faire, quand on veut recourir à ce mode de procédure, est d'envoyer au débiteur le document appelé "*particulars of demand*" (réclamation circonstanciée). Ce document a une forme spéciale ; il peut être signé par tout mandataire régulier du créancier. La préparation de son contenu exige l'envoi des informations indiquées dans le tableau A, page 152, et la communication de toutes les pièces ayant trait à la réclamation, à sa nature et à son montant.

Muni de ces renseignements, le *solicitor* pourra alors rédiger et faire remettre le "*particulars of demand*," puis rédiger et expédier au créancier *l'affidavit de la dette* qui lui donne le droit d'obtenir de la *Court of Bankruptcy* la sommation connue sous le nom de *debtor's summons*.

Si le débiteur cherche à échapper à la remise entre ses mains de ce document, le juge autorisera le créancier à les remettre à quelqu'un de son entourage ou de sa maison.

Dans tous les cas, la dette doit s'élever à cinquante livres sterling.

VI.

La façon d'établir la preuve d'une dette et la forme sous laquelle cette preuve doit être présentée sont les mêmes en matière de faillite qu'en matière de liquidation par arrangement. Toutefois, dans le premier cas et en tête

des documents correspondants doit figurer la mention :
" Dans l'affaire de A. B., failli," tandis que dans le second
cas, cette mention devient : " Dans la procédure instituée
pour la liquidation, etc."

A part cette différence, toutes les instructions données
dans le chapitre suivant avec les Formules qui se trouvent
pages 155 et 157 sont applicables à l'ordre de faits compris dans le présent chapitre.

CHAPITRE XII

DE LA FAILLITE ET DE LA LIQUIDATION.

(*Suite.*)

LIQUIDATION PAR VOIE D'ARRANGEMENT.

1.—*Pétition pour la liquidation d'affaires par voie d'arrangement.*

2.—*Nécessité pour le créancier étranger de prendre les mesures nécessaires pour se faire représenter dans les réunions de créanciers.*

3.—*Instructions pratiques relatives à " l'affidavit."*

4.—*Instructions pratiques relatives à la procuration à délivrer au représentant du créancier.*

I.

Tout individu résidant en Angleterre, qui se trouve aux prises avec des difficultés de paiement, peut demander à la Cour une liquidation de ses affaires par voie d'arrangement.

Il adressera une pétition dans ce sens à la *Court of Bankruptcy* et y joindra une liste de ses créanciers. A chacun de ceux-ci, les officiers de la Cour enverront un avis fixant une heure et un lieu pour une première réunion des créanciers, destinée à un premier examen du cas.

Cet avis est accompagné de deux imprimés, l'un indiquant la forme dans laquelle le créancier doit établir la preuve de sa dette, l'autre relatif à la nomination du mandataire, qui représentera le créancier dans toutes les réunions et audiences correspondantes à la pétition ci-dessus définie.

II.

Le mieux que puisse faire un créancier étranger, au reçu d'une semblable notification, est de la transmettre sur-le-champ à un *solicitor* de Londres, en y joignant toutes les informations requises dans le tableau A, page 152, ainsi que les noms et adresses des particuliers ou des maisons de commerce qu'il sait être, comme lui, les créanciers du débiteur. Il ne manquera pas d'expédier en même temps les lettres de change, factures et autres documents propres à établir le bien-fondé de sa réclamation.

Le *solicitor* fera préparer alors l'*affidavit* approprié à la circonstance et l'enverra au créancier, qui le signera sous la foi du serment (voir chapitre 27), et le renverra avant l'époque fixée pour la réunion dont il a été parlé plus haut.

La moindre irrégularité dans la teneur de l'*affidavit* ou de la procuration délivrée au représentant du créancier suffit à infirmer complétement la valeur de ces documents et à empêcher qu'on ne puisse s'en servir dans une réunion des créanciers.

Tous les jours les hommes spéciaux sont amenés à constater dans les assemblées de ce genre que des résolutions, qui eussent pu être empêchées avec un peu plus de soin dans la préparation de l'*affidavit* ou de la procuration, sont adoptées par des créanciers complaisants, grâce à quelque irrégularité commise par un créancier étranger en remplissant l'imprimé établissant la preuve de la dette.

Les instructions qu'on trouvera plus loin indiquent la façon dont cette preuve doit être établie et dont les divers imprimés doivent être remplis.

Il est à espérer que ces instructions pourront guider efficacement l'homme de loi, même pour la rédaction d'un *affidavit* relatif à la dette, dans le cas où le temps manquerait pour avoir recours à un intermédiaire anglais compétent en la matière. Néanmoins, toutes les fois qu'il y aura possibilité de le faire, le mieux pour un créancier étranger sera toujours soit de consulter dans son propre pays un homme de loi initié à la pratique de la législation anglaise, soit de s'adresser à un *solicitor* de Londres, le tout, sans perdre de temps et dès la remise de la notification déjà définie.

III.

Instructions pratiques sur la Façon de rediger l'Affidavit.

On trouvera aux pages 155 et 157 de l'Appendice des modèles d'*affidavits* complétement remplis, qui peuvent être pris comme des exemples de ce qui est utile et nécessaire dans les cas usuels. Les mots en caractère ordinaire sont ceux qui font partie de l'imprimé généralement employé. Les mots en italique sont ceux qui, dans la pratique, sont écrits à la main sur la partie de l'imprimé laissée en blanc à cet effet.

Sur l'un des côtés de la page figure un *affidavit* en anglais. Sur l'autre côté, et pour la plus grande intelligence de la chose, prend place la traduction en français de cet *affidavit*. Il est désirable que les *affidavits* soient faits et affirmés sous serment en anglais, bien qu'ils puissent être formulés dans tout autre langage.

Les Règlements de la Cour exigent que tous les documents ayant trait à une question de faillite soient écrits sur des feuilles de papier mesurant 42 centimètres de long sur 25 centimètres de large. Le plus souvent, on se sert d'imprimés semblables au modèle ci-annexé, mais tous les *affidavits* peuvent être écrits à la main.

Le premier modèle donné ici se rapporte à la *preuve d'une dette* ordinaire ; le second s'applique à la *preuve d'une dette* provenant d'une lettre de change.

Dans le premier cas, les détails relatifs à la nature de la réclamation devront être donnés, en termes clairs et explicites, dans la partie dans le modèle marquée (a). Quelques exemples de la façon dont ces détails peuvent être donnés sont enregistrés pages 158 et 159, etc., en anglais et en français.

On devra inscrire en tête de l'*affidavit* les noms et prénoms du débiteur et ceux du créancier, les noms et prénoms de chacun des associés et leur raison sociale, si le cas le comporte.

Le montant de la somme réclamée peut être évalué en francs ou en livres sterling. Si la réclamation a trait à des marchandises vendues, une copie de la facture devra être envoyée, préalablement marquée d'un signe par la personne devant laquelle le serment correspondant à l'*affidavit* est prêté.

Les détails ayant trait aux lettres de change doivent être inscrits dans la forme indiquée au bas de l'*affidavit*, (voir la formule page 157), et ces lettres de change elles-mêmes doivent être transmises pour être produites en temps et lieu.

Si la personne qui fait l'*affidavit* est un employé du créancier et non le créancier lui-même, il est nécessaire qu'elle mentionne dans cet *affidavit* : qu'elle est au service du créancier, qu'elle est dûment autorisée par ce dernier à faire l'*affidavit*, qu'il est à sa propre connaissance que la dette a été contractée de la façon exposée et qu'elle a toutes raisons de croire que cette dette n'a pas été réglée.

La formule à employer dans un tel cas sera modifiée comme suit :—

Je soussigné X. Y., demeurant à commis (ou autre employé) *de J. D., demeurant à* fais *sous serment la déclaration suivante :—*

Le dit C. H. était à la date (etc.), et est aujourd'hui, véritablement endetté au dit J. de la somme de
pour (etc.).

Tout *affidavit* doit alors être *juré* de la façon indiquée dans les instructions, page 135, qui terminent le chapitre intitulé "Des Affidavits," lequel chapitre s'applique à tous les *affidavits* en matière de faillite.

IV.

Instructions pratiques relatives a la Procuration.

La nomination d'une personne destinée à représenter le créancier aux diverses réunions qui intéressent ce dernier peut se faire en remplissant le modèle placé au bas des *affidavits*, pages 155 et 157, ou par l'intermédiaire d'un document spécial.—Voir l'*Appendice*, page 163.

Il sera bon que le créancier ait plus d'un mandataire, afin que, si l'un de ses délégués se trouve empêché de se rendre à quelque convocation, il soit assuré d'être représenté par l'autre. Dans ce but, la procuration pourra être rédigée de la façon indiquée dans ces modèles.

Le créancier adaptera ces modèles en y substituant (dans les parties en italique) le nom de la personne ou des personnes qu'il veut avoir pour représentants en Angleterre dans les réunions ou les démarches judiciaires issues de la faillite du débiteur.

Un créancier étranger ne doit jamais remettre à la dernière heure le soin de rédiger une *preuve* ou une procuration. S'il a la précaution d'expédier ces documents aussitôt que possible, il se ménage la faculté de pouvoir corriger, le cas échéant, telle irrégularité, et se met à même de fournir, en temps utile, les explications propres à faire rejeter telle objection opposée à telle preuve.

Chapitre XIII.

DE L'ARRESTATION ET DÉTENTION POUR DETTES.

1.—*Explication de la loi qui régit la matière.*

2.—*Arrestation de débiteurs quittant l'Angleterre.*

3.—*Débiteurs cherchant à fuir. — Writ de "Ne exeat Regno."*

4.—*Instructions pratiques.*

I.

Aux termes de la loi anglaise, aucune personne ne peut être arrêtée ni emprisonnée pour avoir manqué à payer une somme d'argent, à moins que cette somme d'argent ne représente :—

1° Une amende ou une somme due à titre de peine judiciaire, exception faite des sommes dues comme conséquences d'un contrat.

2° Une somme recouvrable sommairement devant une Justice de Paix.

3° Une somme placée entre les mains ou sous le contrôle d'un *trustee* ou de toute personne agissant aux termes d'un mandat de confiance, le payement de cette somme ayant été ordonné par la *Court of Chancery.*

4º Une somme qu'un *attorney* a été condamné à payer pour infraction aux devoirs de sa profession.

5º Une somme qu'un failli a été condamné à prélever sur son salaire ou son revenu au profit de ses créanciers.

6º Une somme dont le payement a été ordonné aux termes de la loi qui régit la question de l'emprisonnement pour dettes.

Dans les différents cas ci-dessus énoncés, l'emprisonnement ne peut s'étendre au delà d'une période d'une année.

S'il est prouvé devant un juge d'une Cour quelconque que la personne, qui a manqué à payer une somme due, a eu, depuis la date de l'ordre ou jugement qui la condamnait, les moyens de payer et qu'elle a refusé ou négligé de le faire, cette personne pourra être mise en prison pour une période n'excédant pas six semaines, ou jusqu'à ce qu'elle ait payé.

L'emprisonnement ainsi ordonné n'entraîne pas l'acquittement ou l'extinction de la dette; le droit de saisir les terres, biens ou meubles de l'individu emprisonné subsiste comme s'il n'y avait pas eu emprisonnement.

II.

Quand le demandeur, dans une action intentée par lui devant une Cour supérieure, est fondé à poursuivre pour une somme égale ou supérieure à 50 livres st., et quand le défendeur est soupçonné d'avoir l'intention de quitter l'Angleterre, ce défendeur, si l'intention qu'on lui prête est suffisamment prouvée, pourra être arrêté sur un ordre du juge et retenu en prison pendant six mois, à moins qu'il ne fournisse caution.

Les faillis frauduleux peuvent être emprisonnés pendant un maximum de deux années, avec ou sans travaux forcés, s'ils sont reconnus coupables de faux renseignements à l'endroit de leurs biens, de dissimulations ou transferts illicites de ces biens, ou d'autres pratiques frauduleuses ayant pour but d'induire en erreur et de tromper leurs créanciers.

III

Dans tous les cas où un débiteur est soupçonné de vouloir prendre la fuite, la *Court of Bankruptcy*, en adressant à qui de droit un *warrant*, peut faire arrêter et garder à vue ce débiteur aussi longtemps qu'elle le jugera convenable, s'il paraît démontré à cette Cour que le dit débiteur, après qu'une sommation lui a été remise et avant qu'une demande de mise en faillite ait été formulée contre lui, projette de s'enfuir à l'étranger pour éviter le payement de sa dette, pour n'avoir pas à comparaître en conséquence de la demande de faillite, pour se soustraire à l'examen de ses affaires, ou dans le but d'entraver d'une façon quelconque la procédure relative à la faillite.

Un *writ* de *Ne exeat Regno* (qu'il ne sorte pas du Royaume), émané de la *Court of Chancery*, constitue également une autorisation d'arrêter et d'emprisonner un débiteur jusqu'à ce qu'il ait fourni caution ou donné une garantie de la somme due ; ce *writ* est analogue à l'ordre donné par un juge dans les circonstances ci-dessus exposées.

Aucun ordre ou *writ* d'emprisonnement ne peut être déclaré quand la dette a été contractée alors que le demandeur et le défendeur avaient tous deux leur résidence et leur domicile dans un pays étranger dont les lois ne permettent pas l'arrestation pour dettes.

Mais le fait que les lois d'un pays étranger n'autorisent pas l'arrestation pour une dette du genre de celle en question n'empêchera pas le *writ* ou l'*ordre* d'être émis, si l'une des parties en litige est un sujet anglais et réside en Angleterre.

IV.

INSTRUCTIONS PRATIQUES.

Le tableau A, page 152, indique les renseignements à communiquer. Il est nécessaire de donner les indications complètes quant à la résidence actuelle et à la résidence ancienne du défendeur, et de fournir des preuves précises et étendues, si l'on vise à le faire arrêter par la raison qu'on a lieu de le croire prêt à quitter l'Angleterre.

Un *affidavit* prouvant l'existence et la nature d'une dette actuellement due, ainsi que le fait que le défendeur a l'intention de fuir, est absolument nécessaire. Encore un ordre d'arrestation ne sera-t-il pas délivré, s'il est démontré que l'absence du défendeur doit être seulement momentanée.

Chapitre XIV.

DES REGLEMENTS RELATIFS A LA PRESCRIPTION.

1.—*Application de ces règlements aux étrangers.*

2.—*Termes de la prescription.*

3.—*Précautions à prendre pour empêcher une dette de tomber sous le coup de la prescription.*

4.—*Instructions pratiques.*

I.

Les lois anglaises relatives à la question de prescription sont particulièrement intéressantes pour les étrangers, aujourd'hui qu'une législation récente a beaucoup étendu leurs droits à la possession et à la propriété de biens en Angleterre.

Un étranger qui a une créance ou une réclamation quelconque à faire valoir contre quelqu'un en Angleterre, que ce quelqu'un soit ou non sujet anglais, doit poursuivre, par les voies appropriées, le recouvrement de ce qui lui est dû, dans les limites de temps fixées par la loi. S'il n'introduit pas sa demande dans les délais voulus, il sera dépossédé de ses droits comme le serait un sujet anglais.

F

II.

Ces délais ne sont pas les mêmes dans tous les cas. Par exemple, la prescription commence après un délai de six ans, eu égard aux annuités, rente, intérêt, emprunt, et à toutes les dettes qui prennent habituellement leur origine dans des contrats ordinaires de diverses sortes. Les demandes en dommages-intérêts pour la détention ou l'usage non autorisé de marchandises ou de biens mobiliers cessent de pouvoir être présentées utilement après six ans. Si la demande en dommages-intérêts est basée sur une diffamation ou une injure matérielle, coups, arrestation, ou sur tout autre fait du même genre, elle a, pour se produire, un délai qui varie de six mois à quatre ans. S'il s'agit enfin de dettes ou de réclamations issues de conventions ou contrats sous sceau, ou s'il s'agit encore de revendications à la possession ou à la propriété de biens immobiliers, une période de vingt ans est accordée à la partie intéressée pour faire valoir ses droits.

III.

Le cours de ces différents délais, en tant qu'ils se rattachent à des dettes ou autres revendications personnelles et non à des questions de dommages-intérêts, peut être enrayé ou modifié par certains faits.

Il arrive, par exemple, qu'un débiteur reconnaît une dette, soit par écrit, soit par le paiement d'un à-compte ou des intérêts, à une époque postérieure à la date à laquelle la dite dette a été contractée. Dans ce cas, la période pendant laquelle la réclamation peut être utilement formulée sera comptée à partir de la date de la reconnaissance ou du paiement.

S'il advient que le créancier ou réclamant ignore le lieu de résidence de son débiteur, il pourra empêcher sa créance

de tomber sous le coup de la prescription en émettan
un *writ* et en le renouvelant, dans les délais voulus,
jusqu'à ce que la demeure de la partie adverse ait été
découverte.

IV.

INSTRUCTIONS PRATIQUES.

Toutes les fois qu'on voudra empêcher une dette d'être
annulée par la prescription, il y aura lieu d'émettre un
writ et de fournir, en outre des informations d'usage
(voir page 152, modèle A), des renseignements complets sur la nature de la dette ou des droits à sauvegarder,
sur la date et les circonstances auxquelles se rattache l'origine de cette dette. A ces détails, on devra joindre tous
les documents sur lesquels se fonde la réclamation, toutes
les lettres qui s'y rapportent, indiquer les époques auxquelles des à-comptes ont pu être payés, le lieu de résidence
du débiteur, ou tout au moins le lieu de sa dernière résidence
connue, l'endroit où il a habité depuis que la dette a été
contractée, son genre d'occupations. En un mot, tous les
renseignements propres à étayer la réclamation produite et
à faciliter l'exécution des mesures à prendre devront être
soigneusement transmis.

Chapitre XV.

DES ASSURANCES.

1.—*Assurances maritimes.*

2.—*Assurances contre l'incendie.*

3.—*Assurances sur la vie.*

4.--*Instructions pratiques.*

I.

Les assurances maritimes sont faites, en Angleterre, et par des compagnies et par des particuliers. Dans ce dernier cas, chaque assureur supporte la partie du risque pour laquelle il s'est engagé.

Une police peut être faite pour un voyage ou pour un certain nombre de voyages, ou bien encore pour une période déterminée (ne dépassant pas une année) indépendamment du nombre des voyages qui pourront être accomplis durant le cours de cette période.

L'assurance peut être *valued* (évaluée à l'avance), c'est-à-dire que sa valeur sera inscrite dans le contrat et payée intégralement le cas échéant, ou *open* (ouverte), c'est-à-dire que la somme à payer dépendra de l'avarie ou de la perte éprouvée, autrement dit de la preuve qui sera faite de cette perte.

Les points essentiels de toute police sont les suivants : 1° le nom de l'assuré ou de son agent ; 2° le nom du navire ; 3° l'objet de l'assurance ; 4° le voyage pour lequel on assure ; 5° les périls contre lesquels l'assureur garantit l'assuré ; 6° les conditions du jet et de la contribution ; 7° la date et la signature ; 8° le timbre.

Les parties sont astreintes à faire connaître toutes les circonstances, faits, détails qui se rattachent au contrat qu'elles vont signer. Il suffit d'avoir dissimulé un fait ou une circonstance matérielle ayant trait au risque à courir, ou d'avoir donné des renseignements inexacts, pour que la police soit annulée, quand bien même ces inexactitudes auraient été commises simplement par erreur lors de la rédaction du contrat.

Ainsi, si dans une police, des marchandises ont été frauduleusement évaluées au-dessus de leur valeur réelle, dans le but de tromper l'assureur, le contrat est complétement vicieux et l'assuré ne peut rien réclamer pour la valeur réelle des marchandises à bord.

Si le départ du navire a été garanti pour tel jour, et s'il n'a pas lieu ce jour-là, l'assureur n'est plus responsable. Même résultat si, le départ ayant été annoncé comme devant s'effectuer après telle date, il s'opère antérieurement à cette date.

Tout changement apporté dans la carène ou coque (*bottom*) d'un navire fait perdre à l'assuré ses droits contre l'assureur. Ce dernier se trouve également dégagé si le navire s'écarte de la route généralement et habituellement suivie pour tel voyage.

Dans aucun cas, une prime payée sur une assurance frauduleusement contractée ne sera remboursée.

Mais si un contrat d'assurance est vicieux sans qu'aucune fraude puisse être imputée à l'assuré, celui-ci sera en droit de recouvrer sa prime, parce que alors, il y a absence du motif pour lequel cette prime a été payée et que le risque n'a pas été couru.

II.

Comme beaucoup de propriétés à l'étranger sont assurées par des compagnies anglaises sous la condition expresse que les droits et responsabilités contingents à la police seront définis et interprétés conformément aux lois anglaises sur l'assurance, il est bon d'esquisser ici les principaux traits de cette loi.

Les assurances contre l'incendie sont évidemment spéciales à la personne qui s'assure, et ne peuvent être transférées qu'avec le consentement de l'assureur dans le cas où il y a transfert de la propriété assurée.

Il est nécessaire que l'assuré ait un intérêt dans la propriété, et il ne peut être indemnisé que dans les limites du dommage réellement éprouvé par lui.

On doit apporter un soin extrême dans la description de la propriété et faire connaître toutes les circonstances qui peuvent rendre les risques plus étendus que d'habitude. Toute dissimulation dans ce sens dégagerait la responsabilité de l'assureur.

En matière d'assurances contre l'incendie, il est implicitement entendu que l'assuré ne modifiera pas l'état des lieux dans des proportions qui empêcheraient la description de ces lieux de rester conformes à celle faite dans la police et qui augmenteraient les risques de l'assureur. Tout changement important apporté à une maison rendra la police nulle.

Si donc on projette un changement de cette sorte, il faut en aviser l'assureur.

Cette notification est particulièrement essentielle quand l'assuré veut introduire dans sa maison une machine, des objets dangereux, des matières explosibles et inflammables, ou s'y livrer à des travaux susceptibles d'augmenter les chances de feu.

Lorsque des meubles ou autres objets sont assurés par leurs propriétaires, la police, excepté dans le cas où elle affecte la forme d'une *police flottante*, ne protége ces meubles et objets qu'aussi longtemps qu'ils demeurent dans la maison où ils se trouvaient lors de la signature de la dite police.

Donc, si l'assuré change de résidence et déplace ces objets, il doit en donner avis à l'assureur, et la police sera modifiée conséquemment.

Il y a *police flottante* quand un marchand fait assurer en bloc des marchandises placées dans divers magasins ou docks en se réservant la faculté de pouvoir les transporter d'un point à un autre dans des limites fixées par la police et celle de substituer des marchandises entrantes aux marchandises sortantes. En cas de sinistre, le marchand ne recevra qu'une somme proportionnelle au dommage éprouvé.

Une perte provenant de négligence est couverte par la police du moment où il n'y a pas eu de fraude. Cette remarque a trait à toutes les assurances.

Quand un incendie survient, on doit en informer immédiatement la compagnie, lui faire tenir aussitôt que possible un compte-rendu exact des dommages éprouvés et remplir toutes les formalités qui peuvent être exigées ou définies dans la police.

III.

Les assurances sur la vie sont régies par les mêmes règles et lois que les assurances maritimes en ce qui concerne l'établissement des polices et leur annulation pour fraude, dissimulation ou fausses indications.

Elles s'étendent, en général, à tous les accidents auxquels la vie humaine est exposée, excepté aux cas de suicide et de mort par la main de la justice. Certaines compagnies excluent même ces exceptions de leurs statuts.

Pour qu'une personne soit en droit d'assurer la vie d'une autre personne, il faut que la première soit intéressée à l'existence de la seconde. La police ne peut être faite qu'avec le consentement de cette seconde personne.

Les polices issues d'une pensée de spéculation sont illégales et ne peuvent être admises.

Une femme peut assurer la vie de son mari, afin de se ménager des moyens d'existence à la mort de celui dont les revenus ou la profession la font actuellement vivre.

Un prêteur ou tout autre créancier peut assurer la vie d'un emprunteur ou débiteur, afin de recouvrer à la mort de celui-ci le montant de l'argent prêté ou de la dette contractée; mais dans le dernier cas, il ne pourra toucher aucune somme supérieure à la valeur de l'intérêt que représente pour lui la vie de l'assuré.

Les renseignements fournis relativement à la santé, à l'âge, aux habitudes et aux autres traits caractéristiques de la personne à assurer doivent être scrupuleusement exacts, même quand l'assurance est faite sur la vie d'une autre personne; car si une inexactitude est commise par rapport à l'un ou à l'autre de ces points, voire à l'insu de celui qu'intéresse la police, la compagnie peut se refuser à payer.

Naturellement, la déclaration que la personne est en

bonne santé signifie simplement qu'elle est présentement exempte de tout mal, et ne peut vouloir dire que cette personne n'a aucun germe de maladie.

Si l'assuré est aux prises avec quelque infirmité, et si, cependant, les médecins émettent l'avis que cette infirmité n'est pas une cause de mort, la question de santé se trouve suffisamment réglée par ce fait, et la société d'assurances est obligée de payer le montant de la police.

Quand un étranger fait crédit où avance de l'argent à quelqu'un sur la garantie d'une police d'assurance, il doit immédiatement informer l'assureur que la dite police est entre ses mains à titre de garantie. Autant que possible, la lettre d'avis écrite dans ce sens et dans ce but devra être signée par l'assuré.

L'administration imprudente et ruineuse d'un petit nombre de grandes compagnies d'assurances anglaises, mise en lumière par la chute de ces compagnies, a fait brèche à la confiance qu'inspiraient à l'étranger les assurances anglaises. Mais il convient de se rappeler que les compagnies qui ont ainsi croulé n'étaient pas seulement entachées d'un vice originel; elles s'étaient encore affaiblies en achetant les affaires d'autres compagnies également faibles, en consacrant à ces opérations des sommes énormes absorbées par les directeurs ou par les promoteurs de ces combinaisons, en cherchant à étendre leur cercle d'affaires à l'aide de distributions inutiles de commissions exorbitantes. Or, ces pratiques sont, heureusement, tout à fait exceptionnelles, et, malgré les incidents auxquels il est fait allusion ici, les anciennes compagnies d'assurances anglaises demeurent aussi solides qu'aucune des institutions de l'Angleterre.

Au reste, et par suite de ces incidents, la loi qui régit les compagnies d'assurances sur la vie a été récemment modifiée dans un sens qui, en rendant plus rigoureuse la surveillance de tout ce qui a trait à l'état financier de ces compagnies, augmente d'autant la sécurité des assurés.

IV.

INSTRUCTIONS PRATIQUES.

L'étranger qui désire se faire assurer par une compagnie ayant son siége en Angleterre doit demander tout d'abord à une personne compétente des renseignements relatifs à la réputation, aux statuts, à la situation financière de la compagnie à laquelle il projette de s'adresser.*

Comme chaque compagnie a ses imprimés spéciaux indiquant les renseignements à fournir par l'assuré, celui-ci n'a pas besoin d'envoyer à son correspondant en Angleterre d'autres indications que des informations générales portant sur : la forme d'assurance choisie, le but de l'assurance, la résidence de l'assuré, etc. Ces informations permettront à l'intermédiaire auquel on s'est adressé de renseigner l'assuré sur les conditions dans lesquelles il est le plus avantageux pour lui qu'il contracte son assurance, et de lui envoyer, pour être rempli par lui, l'imprimé correspondant à son cas et à son but.

* Parmi les grandes Compagnies Américaines d'Assurances sur la vie il y en a deux ou trois des plus importantes qui ont établi des bureaux spéciaux à Londres, dans le but d'étendre leurs opérations en Europe.

Ces Compagnies, grâce aux intérêts élevés auxquels les capitaux se placent, avec garantie parfaite, aux Etats-Unis, se trouvent à même d'offrir des avantages considérables à leurs assurés, eu égard non-seulement à leur solvabilité, mais aussi aux taux modiques de leurs primes d'assurances.

La plus notable de ces Compagnies sous tous les rapports est la " New York Life Insurance Company, " dont le revenu de l'année 1872 s'est élevé à 7,615,407 dollars, soit 37,600,000 francs.

Une personne voulant faire transférer à son profit une police d'assurances, à titre de garantie ou autrement, devra envoyer à son *solicitor* ou la police elle-même, ou les renseignements qui figurent sur cette police, tels que le nom de la Compagnie, la date et le montant de l'assurance, le numéro de la police, le nom de l'assuré, celui de la personne au bénéfice de laquelle se fait le transfert.

Ces indications permettront de rédiger l'acte de transfert.

Chapitre XVI.

BREVETS D'INVENTION.

I.

Les brevets d'invention sont accordés en Angleterre, soit à l'inventeur et en son propre nom, soit à l'agent qui représente cet inventeur, si celui-ci est étranger et n'habite pas l'Angleterre. Ils assurent au titulaire la jouissance de ses droits d'inventeur dans toute l'étendue de la Grande-Bretagne et de l'Irlande, dans les îles anglaises de la Manche, et dans l'île du Man, pendant une période de quatorze ans, à la condition que le titulaire acquittera, aux époques voulues, les droits imposés par le Gouvernement. Cette période peut même être prolongée, par voie de pétition au Conseil privé, s'il est démontré qu'elle a été insuffisante pour permettre à l'inventeur de recueillir les bénéfices auxquels il est en droit de prétendre de par son travail et ses dépenses.

Les priviléges afférents aux brevets d'invention ne s'étendent pas au-delà des limites ci-dessus fixées, et n'ont pas cours dans les colonies ou dépendances de la Grande-Bretagne.

Un inventeur, ou l'agent autorisé à le représenter, qui déclare qu'il est le véritable et premier inventeur d'un procédé ou d'un objet, obtient une *Protection provisoire*. Celle-ci est valable pendant six mois, partant de la date à laquelle elle a été demandée, et doit être transformée, dans le cours de ce délai, en un brevet régulier. Pendant cette période, l'inventeur jouit d'une protection complète, et il obtient aisément, à son expiration, un brevet nanti du grand sceau, si aucune opposition n'a réussi à infirmer ses prétentions à la priorité de sa découverte.

Toute personne qui se croit lésée dans ses droits à la priorité d'une invention, par une demande de Brevet formulée par une autre personne, peut former une opposition à l'encontre de cette demande. Cette opposition devra être notifiée à celui qu'elle concerne dans un délai de vingt-et-un jours à partir de la publication dans la *Gazette officielle de Londres (The London Gazette)* de la demande de brevet qui a éveillé l'attention de l'opposant.

Le système de protection provisoire est très-avantageux pour l'inventeur. Il le met à même de compléter et de perfectionner sa découverte et de chercher, s'il en a besoin, les capitaux nécessaires à l'exploitation de cette découverte.

II.

Le coût d'un brevet d'invention, y compris les frais d'obtention de la protection provisoire qui s'élèvent environ à 250 francs, varie de 750 à 1,250 francs, suivant que l'invention et que les dessins qui doivent nécessairement en accompagner la description sont plus ou moins compliqués.

Avant l'expiration des trois premières années qui s'écoulent après l'obtention du brevet, un droit de timbre d'une valeur de 1,250 fr. doit être payé au Gouvernement, et dans un intervalle de sept années,—toujours à partir de l'obtention du brevet,—un nouveau droit de 2,500 fr. doit être également acquitté. Faute de satisfaire à ces deux obligations, le titulaire d'un brevet est déchu de ses prérogatives.

III.

Il va de soi qu'une découverte, pour pouvoir prétendre à être consacrée par un brevet d'invention, doit être réellement nouvelle. Elle doit aussi n'avoir été mise en pratique qu'à titre d'expérience, et n'avoir reçu aucune publicité avant que son auteur n'ait garanti ses droits. On fera donc bien de demander, sans retard, la protection provisoire.

Un point que les inventeurs et les brevetés étrangers ne doivent pas perdre de vue est celui-ci: si un inventeur, appartenant par sa résidence ou sa naissance à un autre pays, a pris un brevet d'invention, soit dans son propre pays, soit dans un autre, tout en en prenant un plus tard en Angleterre, et s'il advient que cet inventeur laisse éteindre l'un ou l'autre de ces brevets, le brevet qu'il a obtenu en Angleterre pour la même invention cessera de le couvrir.

Un règlement récent a décidé que le fait d'avoir exposé une découverte ou des dessins à une exposition internationale, ou d'avoir rendu publics cette découverte ou ces dessins au cours d'une telle exposition, n'infirme pas les droits de l'exposant à l'obtention d'un brevet en Angleterre.

IV.

Le possesseur d'un brevet peut transférer l'intérêt qu'il a dans ce brevet, ou accorder à un tiers le droit d'exploitation ; mais le document, représentatif de l'arrangement intervenu, doit être dûment enregistré au *Patent Office*.

V.

La loi sur les brevets, telle qu'elle existe actuellement, donne à toute personne, s'intitulant *Patent Agent*, le droit de prendre un brevet au nom d'un client et d'accomplir toutes les formalités préliminaires correspondantes. Généralement ces fonctions sont remplies par des personnes recommandables ; mais, comme elles sont à la disposition de tout le monde, il arrive que des gens absolument incapables de donner un avis autorisé dans l'un ou l'autre des cas divers qui se présentent, se glissent dans les rangs de praticiens plus compétents.

Aucune loi n'est aussi multiple dans ses détails, ni aussi minutieuse, que celle qui régit la question des brevets. Aussi toutes les démarches et formalités qui s'y rattachent demandent-elles à être entreprises et réglées avec un soin et une expérience particuliers. Dans ce but, on devra recourir soit à un agent honorablement connu, lequel pourra à son tour, si cela est nécessaire, s'entourer de conseils légaux ; soit à un homme de loi initié à la pratique de la loi sur les brevets, lequel consultera, au besoin, un agent habile ou un ingénieur de talent si l'invention ou les dessins à lui soumis comportent quelque difficulté ou question scientifique spéciales.

Si compétent que soit un inventeur dans l'art de décrire clairement et soigneusement sa découverte, et d'expliquer la série de travaux mécaniques ou autres par lesquels il atteint son but, il n'en est pas moins important pour lui d'être bien conseillé sur tous les points d'ordre légal qui sont liés à l'obtention de son brevet et d'être guidé dans la rédaction de l'exposé descriptif de sa découverte. L'auteur d'une invention a donc un intérêt considérable à recourir aux avis d'un praticien expérimenté, au moins en ce qui concerne les questions légales contingentes à une demande de brevet.

VI.

En cas d'infraction de ses droits, le propriétaire d'un brevet d'invention peut avoir recours soit à une Cour de *Common Law*, soit à la Cour de *Chancery*.

Si l'infraction est évidente et indubitable, l'un ou l'autre de ces tribunaux peut également lancer un ordre prohibitif contre l'infracteur, dans le but de mettre fin à l'infraction. Mais, quant à la compensation à allouer au propriétaire, la juridiction de la Cour de *Chancery* est beaucoup plus étendue que celle des Cours de *Common Law*. Ces dernières ne peuvent lui accorder que des dommages-intérêts basés sur les préjudices qu'il pourra démontrer au jury qu'il a de fait éprouvés de par l'infraction; tandis que la première s'enquiert des bénéfices qu'en aura retirés l'infracteur, en obligeant celui-ci à rendre compte de ces bénéfices au propriétaire.

Dans les cas qui impliquent des questions de fait—soit sur la validité du brevet, soit sur la réalité de l'infraction alleguée—la Cour de *Chancery* s'abstient de lancer une prohibition *définitive*, jusqu'à ce qu'un jury ait statué sur les faits.

INSTRUCTIONS PRATIQUES EN MATIÈRE D'INFRACTION.

Pour mettre le *Solicitor* à même de donner conseil et de faire les premières démarches voulues dans un cas d'infraction de brevet, il importe de lui remettre tout d'abord un exemplaire de la spécification du brevet; des renseignements détaillés sur les actes d'infraction dont on se plaint; un résumé des préjudices qui en ont résulté au propriétaire, et (autant que faire se peut) des bénéfices qu'en a retirés l'infracteur. Le *Solicitor* formulera ensuite les informations spéciales à chaque cas qu'il trouvera nécessaires.

VII.

INSTRUCTIONS PRATIQUES GÉNÉRALES.

Un inventeur qui veut prendre un brevet en Angleterre indiquera tout d'abord son nom, son adresse et sa profession. S'il a déjà pris un brevet sur le continent, il fera bien d'envoyer une ou plusieurs copies de ce brevet et d'y joindre description, dessins, détails et renseignements de toutes sortes. S'il n'a pas encore obtenu de brevet, il devra rédiger, en termes clairs et concis, un projet d'exposé de sa découverte, ayant soin d'indiquer, autant que possible, les synonymes anglais qui correspondent aux expressions techniques dont il sera amené à se servir, et s'efforçant de faire ressortir les points qui constituent plus spécialement l'originalité et la nouveauté de sa découverte.

Toute cession d'un brevet et toute convention ayant pour but le transfert au profit d'un tiers d'une part des bénéfices afférents à un brevet doivent être enregistrées. Les documents originaux,—que ce soient de simples lettres ou des actes ayant un caractère légal,—qui témoignent de l'arrangement intervenu, doivent être soigneusement transmis, pour être enregistrés. Ces documents peuvent être écrits en français ou dans toute autre langue. Les noms et adresses des personnes auxquelles ils se rapportent feront également l'objet d'une note à envoyer.

Grâce à cet enregistrement, une personne qui se propose d'acheter un brevet connaît les obligations qui grèvent ce brevet, et règle son acquisition en conséquence.

La loi donne le moyen d'annuler un enregistrement dans le cas où cet enregistrement aurait été fait à tort, au préjudice de l'inventeur ou des propriétaires réels du brevet.

Chapitre XVII.

DE L'ENREGISTREMENT DE DESSINS.

I.

Les lois anglaises sur la propriété des dessins se divisent en deux branches. L'une comprend les dessins qui ont trait à l'ornementation ou à la forme ornementale d'articles de tous genres, fabriqués ou naturels ; l'autre embrasse les dessins relatifs à la forme ou configuration d'articles d'utilité.

Un système d'enregistrement, commun à ces deux catégories de dessins, sauvegarde et règle les droits des inventeurs anglais et étrangers.

Cet enregistrement peut être provisoire ou définitif, et ne s'applique évidemment qu'à des dessins réellement nouveaux et qui n'ont été publiés ni dans le Royaume-Uni, ni ailleurs.

S'il est provisoire, il protége le dessin enregistré pendant une période d'une année — période qui peut être prolongée de six mois par ordre du *Board of Trade* (conseil du commerce).

Durant cette période, le propriétaire d'un dessin ne peut ni vendre, ni exposer dans le but d'offrir en vente, sous peine de perdre son droit d'auteur, aucun article auquel le dit dessin aurait été appliqué, tant que *l'enregistrement définitif*, qui doit être fait avant l'expiration de *l'enregistrement provisoire*, n'aura pas été effectué.

Cependant, il a la faculté, sans que ses droits puissent en souffrir, d'exposer un dessin provisoirement enregistré, ou un article porteur de ce dessin, dans tout lieu d'exposition qui n'est pas un lieu de vente et où le public n'est pas admis gratuitement ; ce lieu ayant, d'ailleurs, été préalablement reconnu par le *Board of Trade* comme étant un centre d'exposition publique. L'article exposé dans ces conditions doit porter la mention : "*Provisionally registered,*" et la date de l'enregistrement.

II.

Si l'enregistrement est définitif, il protége le dessin pendant une période qui varie avec le but de ce dessin ; c'est-à-dire que le droit d'auteur, qui est invariablement de trois ans pour un dessin relatif à la *forme* d'un article d'utilité, varie, en ce qui concerne les dessins *d'ornement*, selon la nature de l'article auquel est destiné ce dessin.

Si cet article est entièrement ou principalement fait en métal, un droit d'auteur de cinq ans est accordé. Si cet article est fait de bois, de verre, de poterie, d'os, de papier mâché, ou de substances solides autres qu'un métal, le droit d'auteur est limité à trois années. Il en est de même quand il s'agit de dessins pour ivoire, papiers de tenture, tapis, toiles cirées, et de dessins imprimés ou appliqués sur tissus pour meubles, ces derniers dessins mesurant plus de 20 centimètres sur 30 centimètres.

Pour les tissus autres que ceux indiqués précédemment, pour les châles, pour les articles en chanvre ou en fil, le droit d'auteur varie de neuf mois à trois ans.

Pour les dentelles, le droit d'auteur est garanti pendant douze mois.

Ces diverses périodes peuvent être prolongées de trois années au plus par le *Board of Trade*, lequel jouit également du pouvoir de révoquer ou de modifier ses propres décisions. Un auteur, objet d'une prolongation de ses droits, doit faire enregistrer l'ordre de prolongation.

III.

Après l'enregistrement définitif, tout article auquel est appliqué un dessin d'ornement doit porter les lettres "Rd." et une marque particulière qui sera spécifiée dans le *certificat d'enregistrement.*

Tout article d'utilité fabriqué selon un dessin ayant trait à sa forme portera la mention : " *Registered* " et la date de l'enregistrement.

Dans le cas de contrefaçon de dessins enregistrés, le contrefacteur est passible d'une amende variant de 5 à 30 livres sterling pour chaque délit de ce genre commis par lui.

Le coût de l'enregistrement varie avec la nature du dessin. Il est en général peu élevé.

Si un auteur est chargé par une personne d'exécuter, moyennant rétribution, un dessin, cette personne peut

être enregistrée comme étant le propriétaire de ce dessin. De même, tout individu qui achète le droit exclusif
ou partiel de se servir d'un dessin est apte à être enregistré.

IV.

Le propriétaire d'un dessin enregistré provisoirement ou
définitivement peut vendre ou transférer le droit d'appliquer
ce dessin. Tout transfert doit être enregistré.

V.

INSTRUCTIONS PRATIQUES.

Les renseignements et documents à envoyer pour l'enregistrement d'un dessin sont les suivants :—

A.—Deux copies exactes du dessin, ou deux photogra-
phies ou imprimés représentant ce dessin.

B.—Le nom et l'adresse du propriétaire ou ceux de la
firme à laquelle ce propriétaire est attaché.

Ces informations doivent être transmises pour les dessins
d'ornement aussi bien que pour les dessins d'utilité.

Si l'enregistrement cherché se rapporte à un dessin d'ornement, on devra décrire avec détails l'article de manu-
facture auquel il est destiné. Cette description, ainsi que
les deux copies précédemment demandées, peuvent être
remplacées par l'envoi de certaines portions de l'article
portant le dit dessin.

Si l'enregistrement est relatif à un dessin affectant la
forme d'un article d'utilité, les dessins ci-dessus requis
doivent être accompagnés d'une légende explicative.

En matière d'enregistrement de dessins relatifs à la
forme d'un article d'utilité, la protection s'étend seulement à la forme ou configuration de cet article.

Elle ne s'applique à aucune action mécanique, principe, application, adaptation — sauf dans la limite où cette action dépend et est inséparable de la dite forme ou configuration—ni à la matière dont l'article peut être composé. Aucun dessin ne sera enregistré dont la description contiendra des expressions faisant supposer que l'enregistrement a trait à quelque action mécanique, principe, application, adaptation, ou à la matière dont l'article est composé.

Chapitre XVIII

DES MARQUES DE COMMERCE.

1.—*Définition des marques de commerce.—Droits exclusifs qu'elles comportent.*

2.—*Poursuites contre les contrefacteurs de marques de commerce et contre les individus qui vendent des objets munis de ces fausses marques.*

3.—*Loi du 27 juin 1872 interdisant l'importation ou le transit de marchandises faussement représentées comme ayant été fabriquées en Angleterre.*

4.—*Instructions pratiques.*

I.

Par les mots "marque de commerce," il faut entendre certains signes, tels que nom, signature, mot, lettre, devise, emblême, étiquette, cachet, etc., dont une personne se sert pour indiquer que tels objets sont manufacturés ou vendus par elle.

Le fait qu'une certaine marque est connue sur le marché comme indiquant que tel produit ou objet provient de tel fabricant suffit pour donner à ce fabricant un droit exclusif à la propriété de cette marque, et pour rendre passible d'une peine quiconque viendrait à s'en servir frauduleusement.

L'imitation ou l'usage frauduleux de dessins ou de marques garantis et protégés par le *Registration of Designs Act* (Acte d'enregistrement des dessins ; voir le chapitre précédent) relève de la loi et de la pratique correspondantes aux marques de commerce.

II.

Les Cours anglaises se montrent très-sévères à l'endroit de l'usage illicite de marques de commerce, et non-seulement la *Court of Chancery* mettra fin à l'emploi de marques contrefaites, mais encore les *Criminal Courts* traiteront comme s'étant rendue coupable d'un délit toute personne qui se sera sciemment servie de ces marques.

Toute personne qui contrefera ou fera contrefaire une marque de commerce au bénéfice d'un article qui n'est pas manufacturé ou produit par la personne ayant droit à cette marque de commerce, est aussi réputée coupable de délit.

Cette accusation s'étend aussi à quiconque vend ou expose des objets nantis de marques de commerce qu'il sait être contrefaites.

Le marchand qui vend un article ainsi revêtu d'une fausse marque de commerce est obligé d'indiquer la provenance de cet article, et peut être poursuivi criminellement s'il refuse de donner ce renseignement.

Beaucoup de fabricants étrangers ont subi de graves préjudices en Angleterre et dans ses colonies du fait de la contrefaçon de leurs marques de commerce. Dans la plupart des cas de ce genre, les fausses marques avaient été apposées, sur les objets attenants, dans quelque port étranger, d'où ces objets avaient été ensuite expédiés en Angleterre, soit pour y être vendus, soit pour y être dirigés vers l'un ou l'autre des nombreux pays avec lesquels l'Angleterre a des relations d'affaires.

Naturellement, dans des éventualités de cette sorte, il est très-difficile de trouver l'élément distinct d'une poursuite criminelle. Mais s'il peut être prouvé à la *Court of Chancery* que des marchandises ainsi marquées se trouvent placées dans son cercle d'action, cette Cour empêchera les dépositaires de s'en dessaisir, leur demandera compte de leurs profits, les obligera à remettre ou à détruire les dites marchandises et à indemniser qui de droit.

III.

Un *Acte du Parlement* vient d'être rendu, qui met fin à l'importation ou au transit en Angleterre de marchandises faussement présentées comme ayant été manufacturées dans le Royaume-Uni.

Cet Acte, "*The Customs and Revenue Act* 1872," est entré en vigueur le 27 juin dernier, et contient la clause suivante :—

"Parmi les marchandises, dont l'importation ou le transit sont prohibés, seront compris tous les articles de fabrication étrangère et tous les paquets contenant ces sortes d'articles, qui porteront un nom ou une marque impliquant que ces articles ont été fabriqués en quelque endroit du Royaume-Uni.

"Tout nom ou marque qui établit ou qui implique que les articles qui en sont revêtus ont été fabriqués dans quelque ville ou endroit ayant le même nom qu'un endroit quelconque du Royaume-Uni sera considéré, dans l'application du présent Acte, comme ayant pour but de faire croire que ces articles sont de fabrication anglaise, à moins que le nom du pays où le dit endroit est situé ne soit nettement indiqué."

IV.

INSTRUCTIONS PRATIQUES.

Quand une personne soupçonnera qu'il est fait frauduleusement usage d'une marque de commerce qui est sa propriété, elle devra envoyer à celui qu'elle charge du soin de contrôler ses soupçons une ou plusieurs empreintes de la marque véritable et lui décrire minutieusement les articles sur lesquels elle applique cette marque.

L'intéressé fera également connaître le nombre d'années pendant lesquelles il s'est servi de cette marque, la réputation dont jouissent, particulièrement sur le marché anglais, les articles munis de la dite marque et la maison qui les fabrique, les raisons qui amènent l'intéressé à croire que sa marque a été contrefaite, les noms des personnes qu'il soupçonne, les noms des individus qui peuvent avoir acheté des objets nantis de la fausse marque, la façon dont ces objets ont été expédiés de l'étranger, si tant est qu'ils l'aient été.

Ces renseignements régleront les premières démarches à faire pour arrêter et punir la fraude commise.

Chapitre XIX

DU DROIT DE PROPRIÉTÉ LITTÉRAIRE ET ARTISTIQUE.

1.—*Priviléges des auteurs étrangers.—Convention avec la France.*

2.—*Traductions.—Droits des auteurs.—Mesures à prendre pour assurer ces droits.*

3.—*Imitation de pièces de théâtre.—Articles de journaux.*

4.—*Droits d'un auteur étranger résidant en Angleterre.*

5.—*Interdiction d'introduire en Angleterre des reproductions de livres publiés dans le Royaume-Uni.*

6.—*Infractions au droit d'auteur.*

7.—*Instructions pratiques.*

I.

Les lois anglaises relatives au droit de propriété littéraire et artistique sont très importantes pour les écrivains, les auteurs dramatiques et les éditeurs étrangers.

Les droits des auteurs français sont réglés par une convention conclue au mois de Novembre 1851. D'après cette convention, les auteurs de travaux littéraires ou d'œuvres d'art publiés d'abord en France, les inventeurs, dessinateurs, graveurs, *qui remplissent les formalités exigées en Angleterre* (voir l'article suivant), pour bénéficier du droit de propriété littéraire ou artistique, jouissent de la même protection que les auteurs anglais.

Par travaux littéraires et œuvres d'art, on entend indiquer les livres imprimés, les pièces de théâtre, les compositions musicales, les dessins, peintures, sculptures, gravures, lithographies, en un mot, toute production appartenant au domaine de la littérature, de la science, ou des beaux-arts.

La protection accordée aux auteurs anglais s'étend durant un minimum de quarante-deux ans, comptés à partir de la publication de leur œuvre, ou pendant un maximum égal à la durée de la vie de l'auteur et aux sept années qui suivent sa mort.

Elle est applicable aux traductions, en ce sens qu'elle sauvegarde les droits du traducteur par rapport à sa traduction sans lui conférer aucun droit exclusif de traduction.

Elle est refusée aux pamphlets diffamatoires, aux livres immoraux ou irreligieux et à tous les écrits ayant pour but évident d'induire le public en erreur.

La protection ne peut être réclamée, en ce qui concerne un livre publié antérieurement au 1er juillet 1842, que par la personne revêtue à cette date du droit d'auteur contingent à ce livre ou par ceux auxquels il a cédé ce droit. Pour tout livre publié postérieurement à la date ci-dessus, l'auteur ou l'individu auquel il a cédé son droit de propriété est seul autorisé à demander la protection.

II.

En ce qui concerne la traduction de livres ou de pièces de théâtre, d'abord publiés ou représentés à l'étranger, l'auteur de ces livres ou de ces pièces peut en empêcher, en Angleterre, la traduction ou la représentation non autorisées, pendant cinq années à partir de l'époque à laquelle des traductions ou des représentations autorisées auront été publiées ou données.

Pour obtenir ce résultat, il faut :—

1° Que dans les trois mois qui suivent la publication du livre, un exemplaire de ce livre soit dûment enregistré et déposé de la façon prescrite par les lois de l'autre pays.

2° Que sur la couverture du livre l'auteur formule l'intention de réserver le droit de traduction.

3° Qu'une partie de la traduction autorisée paraisse dans un intervalle d'un an, compté de la date de l'enregistrement et du dépôt de l'original, et que le reste de cette traduction soit publié dans les trois ans qui suivent la même date.

4° Que la traduction autorisée paraisse dans l'un des deux pays et qu'elle soit enregistrée et déposée de la même façon et dans les mêmes délais que s'il s'agissait d'un livre original.

III.

Les interdictions ci-dessus mentionnées n'empêchent pas que, de part et d'autre, on ne puisse imiter, ou adapter à la scène d'un pays, telle pièce de théâtre ou œuvre musicale composée dans un autre. Elles ne s'appliquent pas non plus aux traductions d'articles de journaux, à moins que le droit de propriété de ces articles n'ait été expressément réservé. Cependant, toute traduction d'un article de journal doit mentionner le nom de ce journal.

IV.

Un étranger qui publie d'abord en Angleterre un ouvrage composé par lui jouit du droit de propriété, pourvu qu'à l'époque de la publication il réside, voire temporairement, en un point quelconque du territoire britannique ; ce droit existe quand même le dit étranger résiderait temporairement dans une colonie anglaise dotée d'une législature indépendante dont les lois ne lui accorderaient pas le droit de propriété.

D'un autre côté, la première publication d'un ouvrage dans une Colonie anglaise ne donne à l'auteur que tels droits que comportent les lois de cette Colonie.

V.

Il est absolument défendu d'introduire, dans le Royaume-Uni et dans ses dépendances, des exemplaires imprimés à l'étranger de livres publiés en Angleterre auxquels le droit de propriété est attaché. Les employés des douanes ont des ordres pour saisir ces exemplaires. Conséquemment, les étrangers doivent s'abstenir d'apporter dans ce pays-ci des reproductions à bon marché de certains livres anglais, telles que les volumes qui font partie de la collection *Tauchnitz*. Ces volumes seraient indubitablement saisis.

VI.

Quand un auteur, qui a fait enregistrer son œuvre, a à se plaindre d'avoir été *pillé* par quelqu'un, la *Court of Chancery* mettra fin à cette pratique et les *Courts of Law* accorderont des dommages-intérêts au plaignant. L'auteur qui a une pareille plainte à formuler doit la libeller le plus tôt possible, tout retard pouvant être interprété comme un consentement tacite de sa part au pillage ou à la contrefaçon dont il est l'objet.

VII.

Instructions pratiques.

Le point essentiel pour s'assurer du droit de propriété littéraire ou artistique est de veiller à ce que l'enregistrement soit fait dans la forme appropriée à l'œuvre qu'on veut faire bénéficier du dit droit.

Nombre d'œuvres relèvent du *Registration of Designs Act.* Celles-là devront être enregistrées comme il a été dit chapitre XVII.

Un livre qui paraît d'abord en France doit être enregistré au *Stationers' Hall* à Londres, comme s'il paraissait en Angleterre, pour avoir droit à la protection anglaise.

S'il paraît d'abord en Angleterre, il doit être enregistré au *Bureau de la librairie, ministère de l'intérieur*, à Paris, dans les trois mois qui suivent sa publication en Angleterre, pour avoir droit à la protection française.

Un exemplaire de l'ouvrage doit être déposé au *British Museum*, à Londres, ou à la *Librairie nationale* à Paris, selon le cas.

Le coût de l'enregistrement est de 1 franc 25 centimes en France, et de 1 shilling en Angleterre.

Le *certificat d'enregistrement*, dont le prix est de 5 shillings en Angleterre et de 6 francs 25 centimes en France, constitue une preuve *primâ facie* du droit exclusif de publication dans les deux pays.

En cas d'enregistrement par une personne n'ayant pas de titres au droit contingent, les Cours annulent cet enregistrement dès qu'on leur en a prouvé l'irrégularité.

Pour enregistrer un livre publié, on a généralement recours à l'éditeur qui le met en circulation en Angleterre. C'est seulement dans les cas où l'exercice du droit de propriété littéraire ou artistique rencontre certaines difficultés d'ordre légal qu'il est bon de s'adresser à un homme de loi pour les résoudre.

On devra alors faire tenir à ce dernier toutes les informations relatives à l'œuvre que l'on cherche à protéger contre telle violation du droit de propriété ; par exemple : définir les titres que l'on a à bénéficier de ce droit ; dire où l'œuvre en question a été publiée ; mentionner si l'enregistrement a été bien fait, si une traduction non autorisée a été publiée, etc. ; envoyer un exemplaire de l'œuvre.

Ces renseignements permettent à celui que l'on consulte de régler la marche à suivre pour atteindre le résultat désiré.

Chapitre XX.

DE L'ASSOCIATION.

I.

L'association est le résultat d'un contrat par lequel deux ou plusieurs personnes conviennent de faire concourir leurs capitaux et leur travail à la réalisation d'une entreprise commune et de bénéfices communs.

La communauté des profits est l'élément caractéristique qui fait discerner si un contrat est réellement un contrat d'association ; car un associé peut être reconnu, dans les stipulations entre lui et ses co-associés, exempt de toute perte, sans que pour cela sa responsabilité vis-à-vis de tiers soit diminuée.

Un associé peut être *dormant* ou commanditaire, c'est-à-dire simple bailleur de fonds ; mais s'il prête à l'association son nom et son crédit, il est responsable des engagements qu'elle prend.

II.

Une association, pour être contractée, n'exige pas absolument l'intervention d'un document écrit, bien qu'il soit évident qu'un tel document soit seul propre à définir nettement les droits et les intérêts des parties vis-à-vis l'une de l'autre. Elle peut être conclue verbalement ou découler implicitement des actes accomplis par les parties, par exemple, du fait d'opérations commerciales réalisées sous les noms accouplés de ces parties.

Une association peut être dissoute à toute époque par le consentement respectif des parties qui la composent. La *Court of Chancery* a le pouvoir de mettre fin à une association si elle reconnaît qu'il existe, entre les éléments constitutifs du groupe, des dissentiments qui empêchent la bonne exécution des affaires. On conçoit, toutefois, qu'il faut des raisons autrement graves que de simples querelles ou différences d'appréciation entre des associés pour qu'il soit fait usage à leur égard du droit qui vient d'être défini.

Généralement, une limite à la durée de l'association se trouve stipulée dans l'acte d'association. La dissolution se produit alors tout naturellement à l'époque ainsi fixée.

Si cette stipulation ne figure pas dans le contrat, l'association prend le nom d'*association at will* (à la volonté des contractants), et peut être dissoute à une époque quelconque par l'un ou l'autre des associés.

La mort d'un des membres d'une association entraîne la dissolution du groupe, à moins qu'il n'ait été stipulé dans le contrat que le défunt pourra être représenté par ses exécuteurs testamentaires.

Quand une association se dissout de l'une ou de l'autre des façons ci-dessus prévues, il y a fin des engagements réciproques des associés entre eux ; mais pour qu'une association soit dissoute vis-à-vis des tiers, notification de ce fait doit être publiquement donnée dans les termes indiqués plus loin.

III.

A moins de preuves du contraire, les associés sont considérés comme étant également intéressés dans le fonds et les biens de l'association. Les associés sont astreints à une loyauté scrupuleuse l'un vis-à-vis de l'autre ; aucun associé ne peut retirer aux dépens de ses partenaires un bénéfice inhérent à l'affaire qu'ils poursuivent en commun.

Si un associé manque à ses devoirs vis-à-vis de ses co-associés, la *Court of Chancery* dissoudra l'association. De plus, après examen des comptes, elle obligera le dit associé à rembourser tout ce qu'il peut devoir et tout ce dont il peut être responsable du fait des pertes qu'il aurait illégitimement fait subir à l'association.

IV.

Chaque membre d'une association est l'agent accrédité du groupe, qu'il soit membre actif, nominal ou *dormant*. En cette qualité, il a le pouvoir d'engager et de lier ses co-associés, soit par des contrats simples relatifs aux marchandises ou aux affaires de l'association, soit par la mise en circulation d'effets négociables.

Même s'il a été convenu entre les associés qu'aucun d'eux n'aura l'autorité ci-dessus définie, chaque associé sera responsable vis-à-vis des tiers des actes de son co-associé, à moins que ces tiers n'aient eu connaissance des restrictions stipulées dans l'acte d'association.

Toutefois, le droit de faire supporter par un associé la responsabilité des actes de son co-associé ne s'étend pas aux *contrats* sous sceau, à moins qu'il ne soit prouvé que le dit associé avait le droit de faire de tels contrats au nom de ses partenaires.

Un contrat, pour lier des associés, doit avoir trait aux affaires de l'association. Il est réputé tel, si la personne avec laquelle il est conclu n'a pas été informée qu'il avait un caractère distinct, étranger à l'association.

La responsabilité des membres d'une association s'étend aux lettres de change tirées sur l'association, même si elles n'ont été acceptées que par l'un des associés en son propre nom. Cependant, un associé ne peut lier ses partenaires par une lettre de change tirée par lui sous un autre nom que la raison sociale.

Une personne, pour rendre une association responsable des actes d'un des associés, doit avoir traité de bonne foi avec cet associé comme représentant du groupe, et ne pas s'être entendue avec lui, par exemple, pour agir à l'encontre de l'association.

Quand une association se dissout, il est nécessaire, pour éviter une prolongation de responsabilité individuelle vis-à-vis des tiers, d'insérer l'avis de cette dissolution dans la *London Gazette* et le faire porter à la connaissance des personnes avec lesquelles l'association a des relations d'affaires.

Evidemment, la responsabilité d'un associé qui se retire reste engagée pour toutes les obligations qui auraient été contractées avant sa retraite par l'association et qui n'auraient pas été remplies à cette date.

Toutes ces observations relatives à la responsabilité sont soumises aux restrictions énoncées dans l'Article suivant.

V.

Aux termes d'un récent *Acte du Parlement*, l'avance d'une somme d'argent faite, sous forme de prêt, à un commerçant, avance reposant sur un contrat d'après lequel le prêteur recevra un intérêt variant avec les bénéfices du commerçant, ou une part déterminée de ces bénéfices, ne fait pas du dit prêteur un associé, et ne le rend pas passible des responsabilités contingentes à l'état d'associé.

Un contrat, réglant la rémunération d'un employé ou d'un agent proportionnellement aux bénéfices recueillis, ne suffit pas pour que cet employé ou agent soit considéré comme associé.

Une personne qui reçoit, sous forme d'annuité, une part des bénéfices, à titre d'indemnité pour clientèle cédée, ou d'intérêts revenant à un associé décédé, n'est pas réputée associée de par ce fait.

Dans le cas où un commerçant est mis en faillite, ou dans le cas où il transige avec ses créanciers, la personne qui aura fait un prêt à ce commerçant, dans les conditions plus haut indiquées, ne pourra recouvrer aucune fraction de son capital ou des intérêts et autres avantages promis, tant qu'il n'aura pas été satisfait aux réclamations des autres créanciers.

VI.

Instructions Pratiques.

Il est impossible de prévoir ici les diverses questions spéciales sur lesquelles un étranger peut être amené à consulter, en matière d'association.

Si cet étranger fait partie d'une association qui compte ici un de ses membres, et s'il veut s'éclairer sur les responsabilités encourues par ce co-associé, il devra expédier une copie du contrat d'association à l'homme de loi qu'il consulte.

Si l'avis dont il a besoin a trait aux responsabilités encourues vis-à-vis de lui par telle association, il devra définir exactement le cas qui l'occupe et joindre à ces explications tous les documents propres à les éclairer.

Chapitre XXI.

SOCIÉTÉ PAR ACTIONS.

Première Partie.

1.—*Remarques préliminaires.*

2.—*Conventions avec la France et la Belgique.*

3.—*Mode de formation d'une Société par actions en Angleterre.*

4.—*Circonstances dans lesquelles une Société, destinée à opérer à l'étranger, peut être enregistrée en Angleterre.*

5.—*Instructions pratiques pour l'enregistrement d'une Société.*

I.

Les diverses questions qui se rattachent à l'étude des sociétés par actions exigeraient un volume pour être traitées complétement. Il ne sera parlé ici que des points principaux qui intéressent spécialement les étrangers et qui sont indiqués en tête du présent chapitre et du suivant. En outre, bien que, d'après la loi anglaise, des Sociétés puissent encore être constituées sans que la responsabilité des actionnaires soit limitée, ou sous la forme *limited by guarantee* (limitée par garantie), ces modes de constitution sont vraisemblablement si peu applicables par les étrangers—qui, généralement, choisissent la forme *limited by shares* (limitée par actions)—que les compagnies de cette dernière sorte sont les seules dont il y ait utilité à s'occuper ici.

II.

En 1862, la France et l'Angleterre, et, la Belgique et l'Angleterre, ont conclu des conventions réglant les droits mutuels de ces pays sur les Sociétés qui y sont formées légalement.

Ces deux conventions, identiques l'une à l'autre, débutent par ce considérant : "qu'il a paru nécessaire aux puissances contractantes de s'entendre pour régulariser dans leurs Etats et possessions respectifs la situation des Sociétés et associations commerciales, industrielles et financières, constituées et autorisées suivant les lois particulières à chacun de ces deux pays."

Suivent les clauses ci-dessous :—

Article 1er.—Les hautes parties contractantes déclarent reconnaître mutuellement à toutes les compagnies et autres associations commerciales, industrielles ou financières, constituées et autorisées suivant les lois particulières à l'un de ces deux pays, la faculté d'exercer tous leurs droits, et d'ester en justice devant les Tribunaux, soit pour intenter une action, soit pour y défendre, dans toute l'étendue des Etats et possessions de l'autre puissance, sans autre condition que de se conformer aux lois des dits Etats et possessions.

Article 2.—Il est entendu que la disposition qui précède s'applique aussi bien aux compagnies et associations constituées et autorisées antérieurement à la signature de la présente convention qu'à celles qui le seraient ultérieurement.

Article 3.—La présente convention est faite sans limitation de durée. Toutefois, il sera loisible à l'une des deux hautes puissances contractantes de la faire cesser en la dénonçant un an à l'avance. Les deux hautes puissances contractantes se réservent, d'ailleurs, la faculté d'introduire d'un commun accord, dans cette convention, les modifications dont l'utilité serait démontrée par l'expérience.

En résumé, ces conventions donnent simplement aux compagnies le pouvoir de faire valoir leurs droits devant les Tribunaux des pays contractants. Elles ne leur accordent aucun autre privilége.

III.

Une Société *limited* peut être formée par sept personnes —ou par un plus grand nombre de personnes—dans un but légitime quelconque. Un exposé dit " *Mémorandum d'association* " sera signé par ces sept personnes, lesquelles doivent prendre, chacune, une action au moins. La rédaction de ce document, la façon de le signer et de légaliser les signatures réclament une attention particulière.

Le *Registrar* (receveur d'enregistrements de Sociétés) est obligé de se refuser à recevoir le dit Mémorandum s'il n'est pas conforme à la loi, et de no pas l'enregistrer s'il contient des mots ou expressions dont on pourrait se prévaloir, après l'enregistrement, pour étendre les attributions de la Société.

Ces attributions doivent être distinctement et clairement définies, et la Société, une fois constituée, ne peut les dépasser.

Le Mémorandum en question fixe le capital nominal et la valeur de chaque action. Il déclare que la Société est *limited*, c'est-à-dire que le détenteur d'une ou plusieurs actions ne sera jamais assujetti à aucun versement en dehors de la somme mentionnée sur chacun des titres dont il est porteur.

Généralement, les statuts sont enregistrés en même temps que le Mémorandum.

Si les statuts ne sont pas enregistrés, la Société est susceptible d'être régie par la *Table A* du *Companies' Act* 1862, c'est-à-dire que, dans un tel cas, les règles administratives contenues dans cet Acte deviennent celles de la Société, jusqu'à ce qu'elles aient été modifiées par des résolutions spéciales passées dans les termes voulus par le dit Acte.

Il est important que les statuts soient rédigés par un homme compétent en matière de Sociétés par actions et qu'ils soient convenablement signés par les signataires du Mémorandum d'association. Une fois rédigés, ces statuts seront munis d'un timbre et déposés au lieu indiqué par la loi.

Le *Registrar* examine le Mémorandum et les statuts. S'il les trouve conformes aux prescriptions de la loi, il délivre un *certificat d'incorporation*, qui témoigne définitivement de l'existence de la compagnie.

On devra alors faire enregistrer l'endroit où sera situé le siége social de la compagnie (lequel doit être en Angleterre), et se conformer scrupuleusement, pour les réunions des actionnaires et pour toutes les formalités à remplir, aux lois en vigueur.

IV.

Les principes sur lesquels se base le droit des étrangers à enregistrer une Société en Angleterre, et les circonstances dans lesquelles cet enregistrement peut être effectué, ont été complétement discutés et fixés au cours de la session de la Chambre des Lords de l'année 1871, à propos d'un cas très-important, celui de la princesse de Reuss contre Bos, cas dans lequel l'auteur de ce livre était professionnellement intéressé.*

Cette discussion a établi que les étrangers ont le droit d'enregistrer une Société sous les auspices de la loi anglaise, et que l'enregistrement est valable même si les signataires du mémorandum et des statuts résident tous à l'étranger. Toutefois, si le but dans lequel la Société se constitue n'a pas un caractère anglais ; s'il s'agit, par exemple, d'une exploitation de mines, d'une construction de chemins de fer à l'étranger, la Société doit renfermer des éléments manifestement anglais. Il ne suffira pas qu'elle ait simplement ici un bureau où seraient déposés quelques livres. Il faudra qu'une portion considérable de son capital soit faite par des actionnaires anglais et qu'elle ait en Angleterre son principal centre d'administration.

Il a donc été distinctement déclaré que des étrangers ne pouvaient venir former une Société en Angleterre sous le bénéfice des lois anglaises, lorsque cette Société était destinée à agir au dehors et sans le concours d'aucun élément anglais.

---

* Le cas en question avait surgi à propos d'une demande de liquidation formulée par un créancier à l'encontre d'une Société dont la princesse de Reuss était actionnaire. La Société avait été enregistrée de fait, mais l'actionnaire intéressé arguait que cette Compagnie, opérant à l'étranger, échappait à la juridiction anglaise. La Chambre des Lords, saisie en dernier ressort de l'incident, reconnut que la dite Société avait un caractère anglais et donna l'ordre de la liquider d'après les lois anglaises. Il est à croire que le dénouement eût été le même, si la Chambre n'avait eu, pour baser sa décision, que le seul fait de l'enregistrement, puisque, de par ce fait, la Société relevait de la loi anglaise qui, lui ayant donné droit d'existence, pouvait de même décréter sa fin.

Instructions Pratiques pour l'Enregistrement d'une Société.

Pour préparer un *Mémorandum d'association*, l'homme de loi auquel on confie ce soin a besoin d'être complétement et clairement édifié sur le but de la Société, le chiffre du capital, le nombre d'actions entre lesquelles ce capital sera divisé.

Pour rédiger des *statuts*, celui qu'on charge de ce travail doit connaître tous les droits, concessions, contrats ou conventions que la Société se propose d'acheter, d'exploiter ou d'exécuter, et les conditions auxquelles elle les acquerra. Des doubles des divers documents représentatifs de ces droits ou conventions sont donc indispensables.

Les personnes qui veulent faire *enregistrer* une Société en Angleterre sont priées de s'inspirer de ce qui a été dit plus haut (page 107) relativement à l'élément anglais, qui doit apparaître distinctement dans le *Mémorandum d'association* pour qu'aucune objection ne puisse être faite à l'enregistrement.

Chapitre XXII.

SOCIÉTÉS PAR ACTIONS (*suite*).

Deuxième Partie.

1.—*Conseils aux personnes se proposant de prendre des actions.*

2.—*Obligations afférentes aux actionnaires et aux administrateurs.*

3.—*Liquidation volontaire.*

4.—*Liquidation par ordre de la " Court of Chancery."*

5.—*Arrangements dans une liquidation entre créanciers et actionnaires.*

6.—*Instructions pratiques pour la liquidation d'une Société.*

I.

Les personnes qui reçoivent le prospectus d'une Société, et qui sont disposées à s'intéresser dans cette Société, ne doivent engager leurs capitaux qu'après s'être entourées de tous les renseignements possibles.

Ces personnes feront bien de se procurer un exemplaire des statuts et de les soumettre, ainsi que le prospectus, à un homme compétent, propre à reconnaître si ces statuts ne contiennent aucune clause inusitée ou dangereuse qui puisse, par exemple, nuire à l'exercice du droit de transfert ou de vente des actions.

Tout prospectus indique l'endroit où le lecteur peut trouver les statuts de la Société. Généralement, ils sont à la disposition du public, soit au siége de la Société, soit dans les bureaux du *solicitor* de la dite Société. Les futurs actionnaires ont d'autant plus d'intérêt à lire ces statuts, qu'il suffit qu'ils aient été mis de cette façon à même d'en prendre connaissance, pour qu'ils ne puissent plus prétexter plus tard qu'ils ignoraient telle ou telle clause.

Une personne qui a demandé des actions peut retirer sa demande, mais à dater du moment où cette demande a été acceptée, la dite personne se trouve liée par un contrat et devient actionnaire, et ne peut se dégager des responsabilités afférentes que par transfert ou autre action légale.

II.

S'il y a eu fraude ou faux renseignements de la part de la Société, la personne en question obtiendra de la Cour la radiation de son nom sur la liste des actionnaires; mais, en dehors de ces circonstances, elle demeure responsable. Il est à observer qu'il importe de faire les démarches appropriées dans le but de se retirer dans le plus bref délai possible après connaissance des faits. Tout retard pourra être interprété comme adhérence tacite.

La responsabilité des membres d'une Société, *limited*, autres que les administrateurs, ne peut jamais s'étendre au delà du solde de versement qui reste à faire sur les actions dont ils sont détenteurs. En cas de liquidation de la Société, on ne peut leur réclamer davantage.

Cette responsabilité n'existe pas pour l'actionnaire qui a cessé d'être tel un an ou plus avant le commencement de la liquidation. Aucune personne, qui a été actionnaire, ne pourra être assujettie à contribuer à l'acquittement de telle dette ou de tel engagement contracté après la date à partir de laquelle cette personne a cessé d'être actionnaire. Elle ne pourra non plus subir la responsabilité des engagements antérieurs à sa retraite comme actionnaire, à moins que les individus qui sont actionnaires à l'époque de la liquidation ne soient incapables de fournir les quote-parts qu'on leur demande.

Un actionnaire qui transfère ses actions doit s'assurer que le transfert a été dûment enregistré, et que le nom du nouveau détenteur de ses titres a été inscrit à la place du sien sur la liste des membres de la Société. En effet, si la Société entre en liquidation, les actionnaires dont les noms figurent sur les registres sont tenus pour premiers responsables; aussi arrive-t-il souvent qu'une personne qui a transféré ses actions se trouve pourtant passible des appels de fonds nécessités par la liquidation. Cette personne doit alors effectuer les versements requis, quitte à en réclamer le montant au détenteur des actions transférées; un peu plus d'attention lui eût épargné ces désagréments, qui se transforment souvent en pertes matérielles.

Les administrateurs d'une Société sont tenus à s'informer de l'exactitude des faits énoncés dans son Prospectus; et ils sont responsables de toute énonciation fausse ou erronée, lors même qu'ils en ignoreraient l'inexactitude.

Ils ne peuvent retirer aucun avantage personnel d'un contrat ou d'une opération qui se rattache à la Société qu'ils dirigent. S'ils le font, ils sont considérés comme *trustees* ou fidéi-commissaires vis-à-vis de la Société pour tous les profits issus d'un contrat de cette sorte.

III.

Une société peut être liquidée *volontairement* :—

1° A la suite d'une *simple résolution* prise dans une assemblée générale des actionnaires à l'époque où, de par ses statuts, la Société doit cesser d'exister ;

2° A la suite d'une *résolution extraordinaire*, constatant qu'elle ne peut continuer ses affaires en raison de ses engagements ;

3° A la suite d'une *résolution spéciale*, requérant, pour des raisons quelconques, la liquidation de la Société.

Une *résolution extraordinaire* est une résolution prise dans une assemblée générale des actionnaires, convoquée dans le but spécial de prendre en considération la matière dont il s'agit, par une majorité égale aux trois quarts des actionnaires présents ou représentés à cette assemblée.

Une *résolution spéciale* est une résolution prise dans les mêmes conditions qu'une résolution extraordinaire, suivie d'un vote de confirmation rendu par la simple majorité à une autre assemblée des actionnaires, tenue quatorze jours au moins et un mois au plus après l'autre.

En matière de liquidation volontaire, les liquidateurs sont désignés par les actionnaires dans l'assemblée où les résolutions ont été prises. Si un créancier ou un actionnaire est mécontent de la façon dont la liquidation est conduite, il peut demander à la *Court of Chancery* que la liquidation soit contrôlée, ou bien encore que de nouveaux liquidateurs soient nommés à la place des premiers, ou adjoints à ceux-ci.

IV.

Une Société peut être mise en liquidation, *sur un ordre de la Court of Chancery*, dans les circonstances suivantes :—

1º Quand elle a formulé une résolution spéciale, demandant la liquidation par ordre de la Cour.

2º Quand elle n'a pas commencé ses opérations un an après sa fondation, ou qu'elle les a suspendues pendant l'espace d'une année.

3º Quand le nombre de ses membres se trouve réduit à un chiffre inférieur à sept.

4º Quand elle est incapable de payer ses dettes.

5º Quand la Cour est d'avis qu'il est juste et équitable qu'elle liquide.

Une Société est réputée incapable de payer ses dettes quand, après une réclamation en due forme, une créance supérieure à 50 livres n'a pas été réglée dans les trois semaines consécutives à la réclamation, ou quand le produit d'une saisie exécutée à la suite d'un jugement n'a pas été suffisant pour éteindre la dette, d'ailleurs quelconque, par rapport à laquelle cette saisie était demandée, ou quand il est démontré à la Cour qu'effectivement la Société n'est pas en situation de remplir ses engagements.

Cette démonstration ne doit pas se borner à prouver que la Société se trouve aux prises avec des difficultés momentanées. Elle doit établir que la situation de la Société est telle que, loin de pouvoir s'améliorer, cette situation ira toujours en s'aggravant ; en un mot, qu'il n'y a pour la Société ni chance, ni possibilité d'arriver, à l'aide de certains arrangements, à une liquidation sans perte sérieuse additionelle.

Une liquidation par ordre de la Cour se demande par voie de pétition.

Cette pétition peut être présentée par la Société ellemême, par un ou plusieurs créanciors, par un ou plusieurs actionnaires, sous les réserves mentionnées plus loin.

Un créancier qui pétitionne dans le sens qui vient d'être dit, doit représenter une dette supérieure à 50 livres incontestablement due par la Société. Une réclamation pour dommages-intérêts ne serait pas admise par la *Court of Chancery*; il faut que la créance produite représente manifestement un engagement pécuniaire contracté par la société.

Aucun actionnaire ne peut formuler une pétition si les actions, ou quelques-unes des actions dont il est détenteur, ne lui ont pas été délivrées à l'origine de la Société, ou si ces actions n'ont pas été en sa possession et enregistrées en son nom, pendant une période d'au moins six mois durant les dix-huit mois antérieurs au commencement de la liquidation. Le cas où des actions ont passé à une personne, par suite de la mort de leur premier détenteur, fait exception à ces remarques.

Quand une liquidation se fait par l'intervention de la *Court of Chancery*, les liquidateurs sont désignés par le juge.

Généralement, et à moins d'objections valables, le juge désigne la personne proposée par le pétitionnaire, ou celle qui aura réuni le nombre le plus important d'adhésions de la part des actionnaires.

Un liquidateur ainsi désigné devient officier de la Cour; il doit donner des garanties quant à la façon dont il remplira ses fonctions, et peut être remplacé, s'il est reconnu impropre à remplir les devoirs de sa mission.

V.

Un Acte a été passé dans l'année 1870 pour faciliter les conditions d'arrangement entre les créanciers et les actionnaires de Sociétés en liquidation.

D'après cet Acte, une majorité numérique des créanciers en général d'une Société en liquidation, ou de créanciers appartenant à une catégorie spéciale—majorité représentant les trois quarts du montant total des créances—peut adopter tel compromis qui est offert, et si cet arrangement est sanctionné par la Cour, il lie la minorité de ces créanciers, généraux ou spéciaux, aussi bien que le liquidateur.

VI.

INSTRUCTIONS PRATIQUES POUR LA LIQUIDATION D'UNE SOCIÉTÉ.

Comme il a été déjà dit à l'article III., une liquidation *volontaire* ne se fait que par suite d'une résolution prise par la proportion voulue des actionnaires. Il s'ensuit que, à l'exception de porter son concours à des co-actionnaires dans le but d'amener une telle résolution, il n'arrive que rarement que l'actionnaire étranger ait à prendre en main une procédure de la sorte.

Si, pour des raisons suffisantes, il désire mener une société en liquidation il peut avoir recours à la procédure appropriée pour obtenir sa liquidation obligatoire. Dans ce cas il lui incombera de démontrer que la situation de la société implique l'une ou l'autre des conditions articulées au commencement de l'art. IV.

Un *créancier* ne réussissant pas à obtenir paiement de sa dette après demande faite de la façon prescrite dans le même article, peut présenter à la cour de *Chancery* une *petition* de liquidation de la société débitrice.

Si la personne qui cherche à obtenir la liquidation d'une Société est un *actionnaire* de cette Société, elle devra décrire exactement les actions dont elle est porteur, et délivrer à quelqu'un un pouvoir aux termes duquel la Société sera requise de laisser ce quelqu'un visiter ses livres et ses papiers à la place de la dite personne.

L'actionnaire, pour pouvoir prendre ces mesures, doit avoir été tel au moins pendant six mois au cours des dix-huit mois précédents, ou avoir acquis ses actions à l'origine de la Société, ou en être devenu propriétaire par suite de la mort du détenteur primitif.

Les motifs qui font juger la liquidation désirable devront être clairement établis. A cet exposé on joindra les prospectus, le Mémorandum, les statuts de la Société, ainsi que les comptes rendus d'assemblées, les bilans, circulaires et autres documents propres à définir la situation de la Société et à prouver que ses affaires sont arrivées à cet état où la Cour de *Chancery* a le pouvoir d'intervenir pour ordonner la liquidation.

Si la personne qui veut présenter une pétition de liquidation est un *créancier*, elle devra fournir tous les détails qui établissent la validité de sa réclamation. Le mieux pour cette personne sera alors de sommer la Société de régler sa dette dans un délai de trois semaines, au bout desquelles, comme il a été dit précédemment, le créancier est en droit de demander la liquidation.

CHAPITRE XXIII.

PROCURATION OU "POUVOIR D'ATTORNEY."

1.—*Définition du pouvoir d'attorney.*

2.—*Un pouvoir peut être révocable ou irrévocable.*

3.—*Un pouvoir n'est pas nécessaire pour commencer un procès.*

4.—*Instructions pratiques.*

I.

Un *pouvoir d'attorney* est un acte par lequel une personne donne à une autre qualité et pouvoir pour agir en son nom. Ce pouvoir peut être *général*, ou *spécial et limité*, c'est-à-dire qu'il peut donner à l'individu qui en est revêtu le droit d'agir, en toutes circonstances et dans tous les cas, au lieu et place d'un autre, ou qu'il peut restreindre ce droit à un cas particulier et spécifié.

Si un pareil pouvoir est délivré à plus d'une personne, par exemple à deux ou trois personnes, il ne peut être exercé que par la collectivité des personnes mentionnées.

II.

Un pouvoir d'*attorney* est *révocable* ou *irrévocable*, selon ses termes et ses conditions. S'il a été délivré *muni d'un sceau*, il peut être révoqué par un acte également nanti d'un sceau. S'il n'a pas été donné *sous sceau*, il peut être révoqué par une lettre ou par un avis verbal.

Si le mandat a eu seulement pour objet de mettre le mandataire en mesure d'agir au nom du mandant pendant l'absence de celui-ci, le pouvoir cesse avec le retour du mandant.

La révocation peut avoir lieu pendant le cours d'un des actes ou affaires en prévision desquels le pouvoir a été délivré. Elle est naturellement provoquée par la mort du mandant.

D'autre part, le mandat est *irrévocable* s'il a été remis au mandataire à titre de garantie ou comme lié au transfert absolu au mandataire d'une propriété ou de droits appartenant au mandant.

Quand un pouvoir est rédigé et signé à l'étranger pour être utilisé en Angleterre, le fait qu'il est conforme à la loi du pays où il a été délivré doit être dûment authentiqué.

De même, quand un pouvoir est délivré en Angleterre pour servir dans un pays étranger, son authenticité doit être certifiée par le consul de ce pays ou par un notaire public.

Dans tous les cas où un *solicitor*, muni d'un pouvoir, donne un reçu ou une décharge, il est important de s'assurer que la personne d'où émane le pouvoir est vivante à l'heure où son représentant signe, en son nom, ce reçu.

On ne saurait apporter trop de soins dans la préparation d'un pouvoir, car s'il n'est pas approprié au but en vue duquel il est donné, les actes de l'*attorney* peuvent être sans valeur ou dépasser les limites qu'on voulait leur assigner, ou rester en deçà de ces limites.

D'ordinaire le pouvoir est muni du sceau ou cachet du mandant. Le sceau est essentiel si l'acte à poser en vertu de ce pouvoir comporte un acte sous sceau.

III.

Il a été dit dans un autre chapitre que, pour mettre un *solicitor* en mesure de commencer des poursuites ou une affaire au nom d'un client, un pouvoir en due forme n'était pas nécessaire. Une autorisation de ce genre peut être donnée verbalement ou par lettre.

C'est seulement lorsqu'il y a lieu de poser un acte spécial, qui ne peut être fait que par la partie intéressée elle-même ou par son représentant légal, qu'un pouvoir régulier devient obligatoire.

IV.

Instructions pratiques.

Pour qu'un homme de loi puisse préparer un *pouvoir d'attorney*, il est nécessaire de lui faire tenir les noms et prénoms de la personne ou de chacune des personnes qui se proposent d'accorder le mandat, le nom de l'endroit où ces personnes ont leurs occupations ou leurs affaires, leur raison sociale, s'il y en a une. Mêmes informations en ce qui concerne la personne ou les personnes qui doivent être les mandataires du mandant. Le tableau A, page 152, indique les renseignements appropriés aux cas ordinaires.

Le mandant fera également connaître s'il entre dans ses intentions de délivrer une procuration générale embrassant tous les cas, ou s'il veut la faire spéciale à certaines affaires seulement. Dans cette dernière hypothèse, le mandant aura soin de bien préciser l'autorité qu'il donne à son représentant et les limites qu'il fixe à l'action du mandataire.

CHAPITRE XXIV

DES DROITS DES ÉTRANGERS EN ANGLETERRE ET DE LA NATURALISATION.

1.—*Extension récente des droits et priviléges des étrangers.*

2.—*Naturalisation.—Conditions requises pour l'obtenir.*

3.—*Dénaturalisation.*

4.—*Instructions pratiques.*

I.

Les droits et les priviléges des étrangers en Angleterre ont été sensiblement accrus par un Acte du Parlement en date de 1870.

Aux termes de cet Acte, tout étranger peut devenir acquéreur de biens mobiliers et immobiliers de toutes sortes et en disposer absolument comme s'il était sujet anglais ; et de même, un titre à la possession de biens immobiliers ou mobiliers, qui provient d'un étranger, soit directement, soit indirectement, soit par voie de succession, est considéré de la même façon que s'il émanait d'un Anglais.

La grande concession faite aux étrangers dans l'Acte de 1870 est la faculté qui leur est donnée d'acheter en toute propriété des terrains et des maisons ou de les louer à long bail, tandis que précédemment ils ne pouvaient qu'obtenir des baux dont la durée était limitée à vingt-un ans. Cette modification, du reste, n'est pas seulement avantageuse aux étrangers ; elle est également profitable au pays lui-même, en écartant une restriction qui pesait sur la liberté donnée aux étrangers d'établir ici des maisons de commerce et des manufactures.

Toutefois, malgré cette extension de leurs priviléges, les étrangers ne peuvent remplir aucune fonction ni jouir des franchises municipales ou parlementaires.

Le même Acte abolit la faculté laissée précédemment à l'étranger de réclamer un jury composé mi-partie d'Anglais, mi-partie d'étrangers, en cas de poursuites criminelles.

II.

Un étranger, qui réside dans le Royaume-Uni et qui, décidé à y demeurer d'une façon permanente, désire obtenir les droits et priviléges inhérents à la naturalisation, doit, pendant la période de huit années antérieures à sa demande de naturalisation, avoir résidé cinq années dans le Royaume-Uni, ou avoir été employé, durant ce dernier laps de temps, au service du gouvernement anglais.

Le certificat de naturalisation accordé à un étranger naturalise du même coup la femme et les enfants de cet étranger, qui résident avec lui au moment de sa naturalisation. Il va de soi que la personne naturalisée devient passible de toutes les obligations imposées aux sujets anglais.

III.

Un étranger qui s'est fait naturaliser peut vouloir être *dénaturalisé*, c'est-à-dire redevenir sujet de l'Etat auquel il appartenait originairement.

Cette dénaturalisation n'est réalisable que s'il existe un

traité à cet effet entre l'Angleterre et le pays auquel l'intéressé veut se rattacher. Si une convention de ce genre n'existe pas, la naturalisation, une fois accordée et acceptée, est irrévocable.

IV.

Instructions pratiques.

La naturalisation s'accorde sous la forme d'un certificat signé par l'un des secrétaires d'Etat.

Pour obtenir ce certificat, il faut strictement remplir les formalités exigées par la loi. Un mémoire, soigneusement rédigé et contenant les différents renseignements nécessaires, doit être présenté au secrétaire d'Etat pour le Département de l'Intérieur et être accompagné d'une *déclaration statutaire* affirmant la vérité des informations fournies. Un serment de fidélité, conçu dans les termes voulus, doit également être prêté, signé et enregistré au Département de l'Intérieur.

La rédaction du document ci-dessus désigné exige les indications suivantes : Nom, résidence, âge, profession ou occupation de la personne qui sollicite la naturalisation.—Nom du pays auquel elle appartient.—Noms et âges de la femme et des enfants du postulant, qui résident avec lui.—Nom de la ville ou des parties du Royaume-Uni où le postulant a résidé pendant les cinq années requises, à moins qu'il n'ait été, durant ce temps, au service de la Couronne. — Noms, adresses et professions de quatre respectables sujets anglais, qui consentent à venir témoigner devant un magistrat de l'honorabilité du postulant.

CHAPITRE XXV.

DU DOMICILE.

1.—*Exposé sommaire de la loi sur le domicile.*

2.—*Comment cette loi affecte spécialement les droits et les biens des étrangers.*

3.—*Instructions pratiques.*

I.

La loi sur le domicile, telle qu'elle est interprétée en Angleterre, exerce une influence considérable sur les droits et les biens des étrangers. Naturellement, les côtés de cette loi, propres à intéresser les étrangers qui habitent le continent, sont les seuls dont il y ait lieu de s'occuper ici.

Un domicile peut être un domicile d'*origine*, s'il se rattache à la naissance et à la parenté de celui qu'il concerne ; il est un domicile d'*acquisition* s'il se rapporte à la résidence permanente de celui auquel il a trait.

Un domicile *originaire* subsiste jusqu'à ce qu'il ait été complétement et définitivement abandonné et remplacé par un autre.

Un domicile *acquis* n'est pas perdu par cela qu'il a été *abandonné* ; il continue jusqu'à ce qu'un nouveau domicile ait été acquis, à moins que la personne intéressée ne vienne à mourir en se rendant au lieu où elle avait annoncé l'intention d'élire son nouveau domicile.

Ainsi, pour acquérir un domicile, l'intention de s'établir

dans un endroit ou dans un pays doit être accompagnée du fait de la résidence dans ce pays, et, quand une fois ce domicile a été acquis, il ne peut être modifié par un simple changement, à moins que ce changement n'apparaisse manifestement comme destiné à devenir permanent.

La façon dont on prouve son domicile dépend donc, dans chaque cas, de circonstances particulières.

Un ambassadeur, par le fait de son séjour dans un pays étranger, ne perd pas son domicile originaire ; mais si une personne, après avoir été domiciliée dans un pays étranger, y reçoit du gouvernement de son propre pays une nomination à des fonctions diplomatiques, ne recouvre pas, pour cela, son domicile originaire.

Il y a une distinction entre l'acquisition d'un domicile étranger, par voie de simple résidence, ou par voie de naturalisation.

Quand une personne partage son temps également entre deux pays, et qu'il y a doute, par rapport à celui des deux domiciles correspondants qui peut être considéré comme le domicile de cette personne, la question se résout au bénéfice du domicile originaire.

Après la mort du père, les enfants sont réputés appartenant au domicile de la mère, jusqu'à ce qu'ils en aient choisi un personnellement.

II.

La loi sur le domicile règle la destination des biens mobiliers possédés en Angleterre par un étranger qui meurt *intestat*, alors qu'il est domicilié ou qu'il réside hors du territoire anglais.

Dans ce cas, le mot *intestat* veut dire que l'étranger en question est mort sans laisser aucun acte équivalent à une disposition testamentaire valide, conformément à la loi de la localité où il avait sa résidence ou son domicile au moment de sa mort.

La même loi sur le domicile détermine encore la forme, la validité, et la rédaction des testaments ou des dispositions testamentaires ayant trait à des biens mobiliers ou immobiliers, de la façon expliquée dans le chapitre suivant consacré aux Dispositions testamentaires.

Elle ne fixe pas la juridiction devant laquelle des poursuites peuvent être intentées à un étranger, ni la Cour d'administration d'où relèvent ses biens, lesquels sont régis par la loi du pays où l'administration prend place.

Ainsi, si un sujet anglais (ou un étranger) meurt intestat, pendant qu'il a son domicile ou sa résidence à l'extérieur, les biens mobiliers qu'il possède en Angleterre seront distribués d'après la loi de son domicile, la localité où sont situés ces biens n'exerçant aucune influence sur cette répartition.

La propriété tenue par bail, bien que transmissible de par la loi anglaise, appartient, dans le cas ci-dessus, à la catégorie des biens immobiliers et ne suivra pas la loi de domicile, mais bien celle de l'endroit où sont situés ces biens.

Conséquemment, si un sujet anglais ou un étranger, possédant en Angleterre une propriété tenue par bail, meurt intestat, alors qu'il est domicilié ou qu'il réside au dehors, cette propriété tombera sous la juridiction anglaise.

La propriété située hors de l'Angleterre suit le domicile, soumise à toute loi spéciale au pays étranger de la juridiction duquel cette propriété relève, quand bien même cette loi spéciale différerait de la loi anglaise, ainsi que cela arrive, par exemple, en ce qui concerne le pouvoir de tester, lequel est l'objet, en France, de restrictions qui sont inconnues de la loi anglaise.

Quand une convention existe entre l'Angleterre et un autre pays eu égard au domicile ou à la résidence (telle que le traité d'Utrecht, par exemple), la simple résidence dans l'un ou l'autre de ces pays peut être équivalente à un domicile acquis, en ce qui concerne l'héritage ou les dispositions testamentaires correspondant à des biens mobiliers ou immobiliers.

En l'absence d'une telle convention, le domicile qu'avait un étranger avant sa mort subsiste, par rapport aux divers intérêts de sa succession, quant à ses biens mobiliers (que cet étranger ait laissé ou non un testament), excepté s'il a obtenu un certificat de naturalisation.

III.

Instructions Pratiques.

Toute demande d'avis portant sur la question de domicile doit être accompagnée de renseignements minutieux sur la nationalité et les changements de résidence ou de domicile de la personne intéressée. Comme la question de savoir si cette personne a quitté le pays, avec ou sans l'intention de s'établir d'une façon permanente au dehors, est souvent capitale, toutes les informations propres à éclairer cette question devront être fournies. De ce nombre sont les lettres que l'intéressé a pu écrire, la direction qu'il a imprimée à ses affaires, en un mot, tout ce qui peut aider à définir nettement ses intentions.

CHAPITRE XXVI.

DES TESTAMENTS ET DES DISPOSITIONS TESTAMENTAIRES.

1.—*Droits et priviléges des étrangers.*

2.—*Distinction entre les immeubles et les meubles au point de vue des dispositions testamentaires.—Influence de la loi de domicile.*

3.—*Formalités requises pour que le testament d'un étranger soit valide en Angleterre.—Codicilles.*

4.—*Différences entre les lois anglaises et celles des autres pays eu égard au pouvoir testamentaire.*

5.—*Intestats.*

6.—*Instructions pratiques.*

I.

Il a déjà été dit dans le chapitre sur la naturalisation que les droits et priviléges des étrangers avaient été considérablement étendus par l'Acte de 1870. Aux termes de cet Acte, "tout étranger peut recevoir ou acquérir des biens mobiliers et immobiliers de toutes sortes, et en disposer absolument comme s'il était sujet anglais; de même, un titre à la possession de biens immobiliers ou mobiliers, qui provient d'un étranger, soit directement, soit par voie de succession, est considéré de la même façon que s'il émanait d'un Anglais."

II.

Pour examiner la façon dont un étranger peut recevoir ou acquérir un titre de propriété en Angleterre, de la main d'un étranger ou par voie de succession à cet étranger, ou dont il peut disposer légalement de ce titre par testament, il est nécessaire de fractionner le sujet en deux parties correspondantes : aux immeubles et aux meubles.

En ce qui concerne les immeubles, la loi ne s'occupe que de la localité où ils sont situés et ne se préoccupe pas de l'endroit où le testament a été fait. Par conséquent, un testament relatif à ces immeubles devra être fait conformément aux lois et aux formalités dont il faudrait tenir compte s'il était fait par un Anglais résidant là où l'immeuble est situé. Ces formalités sont indiquées à la fin de ce chapitre.

En égard aux meubles, l'effet du testament est réglé par la loi du pays où le testateur avait son domicile, en sorte que le testament lui-même doit être fait dans la forme voulue par la législation de ce pays.

De ces observations il résulte que, si un étranger, possédant à la fois des immeubles et des meubles dans la Grande-Bretagne, réside et est domicilié en dehors de ce pays, cet étranger devra faire deux testaments : l'un, relatif aux immeubles, sera conçu dans la forme prescrite par la loi anglaise ; l'autre, ayant trait aux meubles, sera rédigé conformément aux lois du pays où le testateur a son domicile.

Ces distinctions et la nécessité qu'il y a de les observer imposent au testateur l'obligation d'apporter une attention extrême dans la rédaction de ses dispositions testamentaires.

La prudence indique qu'une pareille rédaction doit être confiée à un homme de loi, précédemment initié aux volontés et instructions qu'il devra formuler au nom de son client.

Le testament, une fois rédigé par un *solicitor*, sera soumis à l'intéressé, lequel vérifiera s'il rend exactement ses intentions, et le retournera à ce *solicitor* pour qu'il le fasse transcrire définitivement.

Un testament anglais n'a pas besoin d'être écrit de la main du testateur ; ce cas se présente même très-rarement. Mais pour être valide, il faut qu'il ait été rédigé dans la forme voulue, et qu'il ait été signé en présence de deux témoins de la façon requise par la loi.

III.

Un testament, pour être valide aux yeux de la loi anglaise, doit satisfaire aux conditions suivantes : 1° il doit être fait par écrit ; 2° il doit être signé par le testateur ou par quelque autre personne en sa présence et à sa demande ; 3° il doit être reconnu par le testateur, comme étant bien son testament, en présence de deux témoins au moins ; 4° il doit être signé par ces deux témoins, qui doivent attester en même temps la signature et la reconnaisance du testateur, en présence de ce dernier et en présence l'un de l'autre.

Il est important que les personnes qui servent de témoins dans une circonstance de ce genre soient des personnes recommandables et trouvables, dont le témoignage puisse s'obtenir et inspirer confiance, le cas échéant. Aucun legs ne pouvant être fait ni à ces témoins, ni à leurs maris ou femmes, le testateur aura soin de ne pas choisir les dits témoins parmi ses légataires, car la disposition testamentaire faite au bénéfice d'un légataire-témoin serait nulle.

Si, après qu'un testament a été fait, le testateur désire

le modifier, le mieux sera de formuler ces modifications dans un document séparé et spécial, appelé *codicille*, qui doit, du reste, être signé et attesté absolument de la même façon que le testament original.

IV.

Quand la validité du testament d'un étranger doit être décidée d'après les règles de la loi étrangère, l'opinion d'un avocat compétent est admise auprès des Cours anglaises, comme moyen d'information pour la gouverne de ces Cours.

Mais si le point en litige dépend de principes d'interprétation communs aux divers pays, les Cours anglaises videront l'incident à leur seul point de vue, sans recourir à aucun jurisconsulte étranger.

A l'encontre des lois de certains autres pays, de la France par exemple, la législation anglaise permet à un étranger de disposer, par testament, de la totalité de ses biens en dehors de sa femme et de ses enfants.

Tout document qui, aux termes de la loi du pays où le testateur a sa résidence ou son domicile, constitue une disposition testamentaire valable, quoique incapable d'opérer comme un testament anglais, est valide en Angleterre.

Ainsi, par exemple, le testament fait par une femme mariée, domiciliée dans un pays où la loi permet aux femmes mariées de faire des testaments, sera considéré en Angleterre comme une disposition testamentaire valide.

Un étranger, ayant moins de vingt et un ans, ne peut disposer d'aucun bien par testament ou autrement ; mais il peut recueillir tout avantage qui lui est fait dans un testament.

V.

Quand un étranger meurt dans le Royaume-Uni, sans y laisser aucune personne légitimement autorisée à administrer sa succession, le consul ou l'agent consulaire du pays auquel appartient le défunt recueille et administre sa succession. Il en applique le montant d'abord à payer les frais d'enterrement, ensuite à régler toutes les dettes du défunt. Il tient le reste à la disposition des ayants-droit.

VI.

Instructions Pratiques.

Un étranger, résidant hors de l'Angleterre, qui veut faire rédiger son testament valable en Angleterre par un homme compétent en la matière, doit lui-fournir les renseignements suivants :—1° nom, adresse, profession, nationalité du testateur ; 2° dire si le testateur a son domicile ou sa résidence dans son propre pays, ou en Angleterre ; 3° définir minutieusement les immeubles que le testateur possède dans le Royaume-Uni, et dont il entend disposer par testament ; 4° désigner les légataires ; 5° préciser le caractère et l'étendue des dispositions testamentaires, qui doivent être faites en faveur de chacun d'eux ; exprimer les diverses volontés du testateur, par rapport à ses biens ; 6° indiquer les personnes qui seront les exécuteurs testamentaires du testateur, et dire si elles ont accepté ces fonctions.

Mêmes renseignements à fournir de la part d'un étranger résidant ou domicilié en Angleterre. Indiquer, en plus, tout ce qui, en outre des immeubles, appartient au testateur (actions, titres, argent, meubles, etc.).

Chapitre XXVII.

DES AFFIDAVITS.

(DÉCLARATION ÉCRITE ET AFFIRMÉE SOUS SERMENT.)

1.—*Remarques préliminaires.*
2.—*Instructions pour la rédaction d'un " affidavit."*
3.—*Devant qui doit avoir lieu la prestation du serment.*
4.—*Instructions pratiques.*

I.

Dans la majorité des cas, les *affidavits*, dont il est fait usage en Angleterre dans les poursuites ou dans les procès appelés à se dérouler devant les Cours de *Common Law* ou la Cour de *Chancery*, ne devenant nécessaires qu'au cours de l'instance, il sera généralement possible de les faire rédiger en Angleterre par un homme du métier, chargé de la cause à laquelle ils se rapportent, lequel les renverra ensuite à son client pour qu'il les signe et y prête serment.

Cependant, il est bien évident qu'il y aura, des deux côtés, économie de peine et de temps, si, grâce à des instructions pratiques et claires, le client étranger (avec l'aide au besoin de son homme d'affaires de chez lui) est capable de rédiger lui-même son *affidavit*, de le signer, de l'affirmer sous serment; bref, s'il est apte à accomplir toutes les formalités nécessaires pour donner à ce document un caractère parfaitement régulier.

Cette aptitude de la part du client ou de son homme de loi étranger pourra même, dans certains cas, être profitable aux intérêts de ce premier. Dans le cas, par exemple, où l'avis d'une réunion de créanciers, occasionnée par une faillite, lui parviendrait trop tard pour qu'il ait le temps de correspondre avec Londres, il est important qu'il soit à même d'établir un *affidavit de la dette* sans la nécessité de telle correspondance.

II.

Aussi les instructions ci-dessous pourront-elles, en certaines occurrences, présenter quelque utilité :—

1° En tête de tout *affidavit* doivent figurer le nom de la Cour devant laquelle la matière est pendante et la désignation, le titre, de cette matière.

2° Les *affidavits* qui servent devant les Cours de *Common Law* et la Cour de *Chancery* doivent être écrits sur du grand papier mesurant, autant que possible, trente-deux centimètres et demi de longueur sur vingt centimètres et demi de largeur.

3° Les *affidavits* destinés à la Cour de *Bankruptcy* doivent être écrits sur des feuilles de papier ayant, autant que faire se peut, quarante-deux centimètres de long sur vingt-cinq centimètres de large. Cette disposition est adoptée pour donner à ces *affidavits* la même dimension qu'aux archives et pour permettre de les relier ensemble.

Dans tous les cas, une marge égale au cinquième de la largeur du papier doit être laissée à gauche.

III.

Dans tout pays étranger, qui ne relève pas de la juridiction de la Reine d'Angleterre, le serment que comporte un *affidavit* peut être prêté devant tout ambassadeur, envoyé, ministre, chargé d'affaires, secrétaire d'ambassade ou de légation, consul général, consul, vice-consul, consul intérimaire et agent consulaire anglais. La personne qui reçoit le serment ajoutera à sa signature la mention de sa qualité officielle et apposera son sceau ou timbre officiel à côté de cette signature. Cela fait, l'*affidavit* peut être produit devant les Cours d'Angleterre sans qu'il soit nécessaire de fournir aucune preuve à l'appui de l'authenticité du sceau ou de la signature.

Dans le cas où l'individu qui désire faire l'*affidavit* ne pourrait s'adresser, ne l'ayant pas à sa portée, à aucune des personnes ci-dessus mentionnées, cet individu peut prêter serment devant un notaire public ; mais la signature de ce notaire doit être alors dûment authentiquée, son sceau n'étant pas considéré comme un élément suffisant de vérification.

Ces règles sont applicables aux *affidavits* requis devant toutes les Cours.

Devant les Cours de *Common Law* et de *Bankruptcy*, un *affidavit* émané d'un pays étranger est considéré comme suffisant, s'il a été fait devant un juge, un magistrat, un maire, en un mot, devant toute personne à laquelle les lois de ce pays confèrent le droit et le soin de recevoir des prestations de serment. Toutefois, la signature de cette personne devra être légalisée par le Tribunal dont relève le signataire.

IV.

INSTRUCTIONS PRATIQUES.

La question de savoir devant qui l'exactitude du contenu d'un *affidavit* doit être affirmée sous serment étant maintenant réglée par les explications précédentes, il reste à considérer comment la personne qui a reçu le serment doit compléter et signer l'*affidavit*, soit à déterminer la façon dont l'*attestation* relative à la prestation du serment doit être remplie et signée.

Cette *attestation*, qu'on appelle *jurat*, est placée à la *gauche* de l'*affidavit*, si ce document est destiné aux Cours de *Common Law* et de *Bankruptcy*, tandis que la signature de celui qui a prêté serment, ou *déposant*, figure à *droite* de l'*affidavit*, conséquemment du côté opposé au *jurat*. Si l'*affidavit* est destiné à la Cour de *Chancery*, e *jurat* est placé à *droite* et la signature du déposant prend place à *gauche*.

Si le déposant est familiarisé avec la langue anglaise, dans laquelle l'*affidavit* a été préparé, il aura soin de le relire attentivement, de façon à pouvoir affirmer en toute bonne foi l'exactitude de son contenu ; après quoi il le signera en présence de la personne devant laquelle l'*affidavit* doit être juré, conformément aux précédentes instructions.

S'il n'y a qu'un seul déposant, le *jurat* sera conforme au modèle No. 1, page 165. Dans ce modèle, les mots en caractères ordinaires constituent une sorte de formule et sont communs à tous les documents du même genre ; ceux en caractères italiques sont ceux qui varient suivant les cas, les noms et les lieux de résidence.

Voici de quelle façon le déposant, après avoir signé, doit prêter serment. La personne qualifiée pour recevoir ce serment doit s'adresser à lui comme suit :—

Ce nom est-il bien le vôtre, et est-ce bien là votre écriture ?
Vous jurez que le contenu de "l'affidavit" est exactement conforme à la vérité ? Ainsi, que Dieu vous soit en aide.

Le déposant prête alors serment dans les formes requises par les lois et les usages judiciaires du pays où ce serment est prêté.

Cela fait, le *jurat* est rempli et signé par la personne qui reçoit le serment, laquelle, en apposant sa signature, aura soin d'énoncer sa qualité officielle et d'appliquer à côté son sceau ou timbre officiel.

S'il y a deux ou plusieurs déposants, tous initiés à la langue anglaise, les choses se passent comme il vient d'être dit dans le cas d'un seul déposant. Lors de la prestation du serment, la personne qui le reçoit demandera à chaque déposant les questions précédemment indiquées.

La formule de *jurat* à employer dans ce cas est indiquée, par le modèle No. 2, page 165.

Quoique un *affidavit* puisse être rédigé dans une langue étrangère et qu'il soit admis sous cette forme devant les Cours anglaises, pourvu qu'on y joigne une traduction faite et vérifiée ici par un interprète, il est, cependant, désirable qu'il soit formulé dans la langue du pays où il doit servir.

Par conséquent, si le déposant ne comprend pas l'anglais, le mieux sera de rédiger l'*affidavit* dans cette langue et de le lui faire traduire avec soin par un interprète. Dans ce but, le déposant et l'interprète se rendent ensemble chez la personne devant laquelle a lieu la prestation de serment, et les questions suivantes sont posées à l'interprète par cette personne :—

Vous jurez que vous comprenez bien les langues anglaise et française, que vous avez traduit exactement, distinctement et intelligiblement le contenu de cet " affidavit " au déposant, et que vous lui traduirez exactement la formule du serment qu'il doit prêter ? Ainsi, que Dieu vous soit en aide.

L'interprète prête serment de la façon conforme aux lois du pays.

Cela fait, la personne qui reçoit le serment posera au déposant, soit directement, soit par l'intermédiaire de l'interprète, les questions d'usage. En suite de quoi, le déposant prête serment, ainsi qu'il a été déjà dit.

Lorsqu'un *affidavit* a été interprété, la forme de *jurat* à employer est celle du No. 3, page 165.

L'interprète n'a pas besoin de signer l'*affidavit*.

Il est bien entendu que les *jurats* doivent être écrits en anglais. C'est seulement pour la commodité du lecteur qu'ils ont été traduits en français.

Si l'*affidavit* est destiné à établir l'authenticité d'un document ou d'un objet quelconque, ou s'il y a lieu de s'en rapporter à un document ou objet auquel allusion est faite dans l'*affidavit*, ce document ou objet doit porter une lettre ou un chiffre pour servir à le designer, et dont usage sera fait à cet effet dans l'*affidavit*.

Lors de la prestation de serment, un mémorandum sera écrit sur la pièce en question et signé par la personne qui reçoit le serment, portant que c'est bien la pièce à laquelle allusion est faite dans l'*affidavit*. Ce mémorandum doit, comme l'*affidavit*, porter en tête le nom de la Cour et le titre de la matière dont il s'agit.

Voici la formule qui s'emploie (*en anglais*) :—

In the (name of Court)—

[Title of Cause or matter.]

This is the document [or other object] marked [   ] referred to in the affidavit of   , sworn before me, this   day of   187 .

[Signed by the Official who administers the oath to the affidavit.]

Dans la Cour de   .

[Titre de la Cause ou matière.]

Ce document [ou objet] est celui auquel allusion est faite sous la marque distinctive [   ] dans l'attestation de   , faite sous serment devant moi, le jour de   187 .

[Signature de l'Officier devant qui l'on prête serment.]

Chapitre XXVIII

DE LA FAÇON DE SIGNER LES DOCUMENTS ANGLAIS DE CARACTÈRE LÉGAL.

Instructions pratiques relatives à la signature et à l'application du sceau.

Il n'est pas rare que des personnes résidant à l'étranger aient à signer des documents de diverses sortes, soit *under hand* (sous une simple signature), soit *under seal* (avec apposition d'un sceau), documents relatifs à quelque transfert de biens ou d'intérêt, ou à quelque convention spéciale. Pour ces personnes, il est utile d'indiquer la façon dont de semblables écrits doivent être signés et le mode d'attestation des signatures nécessairement employé pour les documents anglais.

Les documents ordinaires doivent être signés en présence d'un témoin, ou mieux de deux témoins pour que, le cas échéant, l'authenticité de la signature puisse être plus facilement prouvée.

Si la personne qui signe le document comprend l'anglais, la formule d'attestation sera conforme au modèle suivant, modèle dans lequel les mots en caractères ordinaires sont communs à toutes les attestations de ce genre, et dans lequel les mots en italique varient avec les noms et adresses des intéressés :—

" Signed by the above-named *Guillaume Victor B.*, in the presence of

Jean-Baptiste C., *engraver*,
No. 7, Rue Montholon, Paris, France."

" Signé par *Gillaume-Victor B.*, ci-dessus mentionné, en présence de

Jean-Baptiste C., *graveur*,
No. 7, Rue Montholon, Paris, France."

Les noms et qualités du témoin ou des témoins prendront place après la signature de l'intéressé.

Si le document à signer est en anglais, il devra être traduit et expliqué, au point de vue de sa signification et de sa portée légale, à la personne qui doit le signer. Cette explication sera donnée en présence des témoins, afin qu'ils puissent en témoigner de la façon suivante, au cours de leur attestation :—

" Signed by the above-named *Edward Sorel*, in the presence of us the undersigned, after the contents and purport of this document had been fully translated and explained to him the said *Edward Sorel*, by *Gustave Forge* residing at *No. 31, Rue des Carmes, Paris.*" (Here the witnesses sign their names.)

" Signé par *Edouard Sorel*, ci-dessus mentionné, en présence de nous soussignés, et après que le contenu et la portée du présent document ont été clairement traduits et expliqués au dit *Edouard Sorel*, par *Gustave Forge* demeurant *No. 31, Rue des Carmes, à Paris.*" (Suivent les signatures des témoins.)

Les documents avec apposition d'un sceau comportent plus de formalités. Si les intéressés comprennent l'anglais, l'acte leur sera lu et expliqué. S'ils ne comprennent pas la langue anglaise, dans laquelle l'acte est écrit, le contenu et la portée légale de ce document leur seront traduits et expliqués. Cela fait, chacune des parties, dans l'ordre où elles figurent au commencement de l'acte, apposera sa signature, puis accomplira la formalité, qui s'appelle *deliver the deed* (émettre l'acte); c'est-à-dire que, après avoir signé, chacune des parties devra reconnaître sa signature en y juxtaposant son sceau.

Il n'est pas nécessaire que le sceau en question soit le propre cachet de la personne qui signe, du moment où cette personne, en *touchant* le cachet à côté duquel elle signe son nom, reconnaîtra formellement que l'acte est bien sien.

Chacune des parties, ayant signé l'acte à la place indi-quée et en présence des témoins, mettra son doigt sur l'empreinte du cachet, à côté de laquelle figure son nom, et dira :—

I deliver this as my act and deed.

J'émets cet acte comme étant mon œuvre et mon fait.

Les témoins remplissent alors la formule d'attestation, laquelle ne diffère de celle précédemment donnée que par l'addition des mots "scellé et émis," qui s'intercalent comme suit dans le texte déjà indiqué :—

Signed, sealed and delivered by the above-named A. B. and C. D. in the presence of (here the witnesses sign their names, adding their addresses and descriptions).

Signé, scellé et émis par A. B. et C. D., ci-dessus men-tionnés, en la présence de (placer ici les noms, adresses et qualités des témoins.)

Si l'acte a été interprété, il sera bien de donner à l'attes-tation la forme prescrite à la page précédente, en ayant soin de commencer par les mots "signé, scellé et émis," et non par le mot "signé" tout seul.

CHAPITRE XXIX.

EXTRADITION.

I.

Le fait de la conclusion par l'Angleterre, dans le courant de l'année 1872, de traités d'extradition avec la Belgique et l'Empire allemand, et les actions déjà introduites aux termes de ces traités pour obtenir l'extradition de banqueroutiers frauduleux, ont rappelé aux commerçants l'importance qu'il y a pour eux à s'enquérir de la portée générale des lois qui régissent aujourd'hui la matière.

Outre les deux traités sus-mentionnés, il existe entre la France et l'Angleterre une convention faite en 1852. Ce dernier pays a également des traités à peu près semblables avec le Danemark et les Etats-Unis d'Amérique. Ce dernier traité, par exception, ne vise pas les délits de banqueroute, parce que, à la date de sa conclusion, il n'existait pas aux Etats-Unis de loi générale sur les Faillites. Une telle loi étant aujourd'hui en vigueur, un nouveau traité se négocie en ce moment.

Des traités sont aussi en cours de négociation par l'Angleterre avec l'Italie, l'Espagne, le Portugal, l'Autriche et les Pays-Bas.

Tous les traités d'extradition portent sur les crimes majeurs, tels que meurtre, vol avec effraction, etc. ; mais il n'est nécessaire, dans ces pages, que de s'occuper des délits commerciaux.

Par chacun des traités existants, il est convenu, — quoiqu'en langage tant soit peu différent—que l'un des pays contractants livrera, sur la réclamation de l'autre, les condamnés ou accusés fugitifs—soit acteurs principaux, soit complices avant l'acte—des divers crimes spécifiés dans le traité. Il est cependant pourvu par les deux traités de 1872 que ni l'un ni l'autre des pays contractants ne soit tenu à livrer de ses propres sujets.

La loi et la procédure anglaises ayant trait à l'extradition sont réglées par un Acte du Parlement de 1870, par lequel la Reine, en conseil, est autorisée à conclure avec tout pays étranger des traités ayant pour but l'extradition mutuelle de criminels. C'est en vertu de cette autorisation que se sont conclus les deux traités avec la Belgique et l'Allemagne.

II.

Les délits de caractère commercial visés dans les traités de l'Angleterre avec la France et la Belgique sont les suivants : Faux ou mise en circulation de ce qui est falsifié ; soustraction frauduleuse ou vol par des employés ; escroquerie d'argent, valeurs ou marchandises sous de faux prétextes ; crimes de banqueroutiers frauduleux, prévus par la loi ; détournement d'argent, de valeurs ou de marchandises par celui auquel ils avaient été confiés à la condition de les rendre ou d'en faire un usage ou un emploi déterminé.

Comme la mutualité est la base essentielle des traités, il est à observer que, en aucun cas, l'extradition ne peut avoir lieu que lorsque le crime est prévu par la législation sur l'extradition en vigueur dans les deux pays.

A propos de ce principe fondamental de mutualité entre les pays contractants, l'on peut citer, comme exemple de sa portée, une difficulté qui entrave, en ce moment même, la négociation pendante d'un traité d'extradition entre l'Angleterre et le Portugal. Ce dernier pays, ayant aboli la peine de mort, demande que l'Angleterre s'oblige à ne pas l'infliger à quiconque pourra être extradé sur sa réclamation par le Portugal ; ce à quoi l'Angleterre ne consent pas.

III.

S'il s'agit d'une personne accusée, la demande de son extradition par l'Angleterre sera adressée (avec accompagnement des documents judiciaires et des dépositions authentiques) au premier Secrétaire d'Etat de Sa Majesté Britannique pour les affaires étrangères par le ministre ou autre agent diplomatique du pays réclamant. Le dit Secrétaire d'Etat transmettra ces documents au premier Secrétaire d'Etat pour les affaires intérieures, lequel, par un ordre signé par lui et muni de son sceau, signifiera à un magistrat de police que la demande d'extradition a été faite, et le requerra, s'il y a lieu, de délivrer un mandat pour l'arrestation du fugitif. Le dit magistrat délivrera le mandat requis sur la production de telle preuve qui, dans l'opinion de ce magistrat, justifierait l'émission de ce mandat, si le crime avait été commis dans le Royaume-Uni.

Lorsque le fugitif aura été arrêté, il sera amené devant un magistrat qui—si la preuve qu'on produira est de nature à justifier, selon la loi anglaise, la mise en jugement du prisonnier, dans le cas où le crime dont il est accusé aurait été commis en Angleterre—l'enverra en prison pour attendre le mandat du Secrétaire d'Etat nécessaire à son extradition.

Après l'expiration d'un certain temps, qui ne pourra jamais être moindre de quinze jours depuis l'emprisonnement de l'accusé, le secrétaire d'Etat, par un ordre de sa main et muni de son sceau, ordonnera que le criminel fugitif soit livré à telle personne qui sera dûment autorisée à le recevoir au nom du pays réclamant.

S'il s'agit d'une personne condamnée, la marche de la procédure est la même que dans le cas d'une personne accusée, sauf que le mandat à transmettre par le ministre du pays réclamant, à l'appui de la demande d'extradition, doit énoncer clairement le crime pour lequel la personne réclamée a été condamnée, ainsi que le fait, le lieu et la date du jugement. La preuve à produire devant le magistrat de police sera telle que, d'après la loi anglaise, elle établirait que le prisonnier a été condamné pour le crime dont on l'accuse. Il s'ensuit qu'une condamnation par contumace seulement ne peut servir de base pour une demande d'extradition.

Un condamné ou accusé, envoyé en prison par un magistrat de police, a le droit de réclamer une ordonnance d'*habeas corpus*; l'extradition sera alors différée jusqu'après la décision de la Cour sur le renvoi de l'ordonnance; et dans le cas où cette décision serait contraire à la demande d'extradition, celle-ci ne pourrait avoir lieu.

Si le criminel fugitif qui a été arrêté n'est pas livré et emmené dans les deux mois après son arrestation ou après la décision de la Cour sur le renvoi d'une ordonnance d'*habeas corpus*, il sera mis en liberté, à moins qu'il n'y ait un motif suffisant de le retenir en prison.

IV.

Une personne extradée ne pourra être poursuivie pour aucun délit commis dans le pays réclamant avant l'extradition, autre que celui pour lequel l'extradition a eu lieu, jusqu'à ce que cette personne soit rentrée dans le pays d'où elle a été extradée, ou qu'elle ait eu occasion d'y rentrer.

Aucune personne accusée ou condamnée ne sera extradée, si le délit pour lequel l'extradition est demandée est considéré par le pays requis comme un délit politique, ou si cette personne prouve, à la satisfaction du magistrat de police ou de la Cour devant laquelle elle est amenée par l'*habeas corpus*, ou du secrétaire d'Etat, que la demande d'extradition a été faite, en réalité, dans le but de la poursuivre ou de la punir pour un délit d'un caractère politique.

V.

Les mandats, dépositions, déclarations sous serment, délivrés ou recueillis dans l'un des pays contractants, les copies de ces pièces, ainsi que les certificats ou les documents judiciaires établissant le fait de la condamnation, seront reçus comme preuve dans la procédure de l'autre pays, s'ils sont revêtus de la signature et accompagnés de l'attestation d'un juge, magistrat ou fonctionnaire du pays où ils ont été délivrés ou recueillis.

VI.

Les dispositions des divers traités d'extradition ne sont pas absolument identiques; toutefois, les traits généraux qui ont été précédemment esquissés suffiront à indiquer la nature des démarches à faire pour obtenir en Angleterre l'application de l'un ou l'autre de ces traités.

APPENDICE.

APPENDICE.

——◆——

FORMULE.

RENSEIGNEMENTS A FOURNIR A UN HOMME DE LOI POUR LE

DATE ET ADRESSE .   .   .   .

1.—Nom et prénom de la personne qui envoie les instructions. Si ces instructions émanent d'une maison de commerce, *noms* et *prénoms* de *chacun* des associés, et raison sociale. Métier ou état. Adresse du bureau ou de la firme, autrement dit, adresse commerciale .   .   .

2.—S'il s'agit d'une poursuite.—*Nom* et *prénom* de celui qu'on veut poursuivre. *Noms* et *prénoms* de *chacun* des associés, si c'est une maison de commerce. Genre d'occupation et adresse commerciale de celui que l'on poursuit. Renseignements sur ses antécédents, ses relations, etc. .   .   .   .

3.—Nature des demarches à faire avec détails nécessaires ; par exemple : S'il s'agit du recouvrement d'une dette, montant et description de la créance.—S'il s'agit d'une créance pour marchandises vendues, envoyer la facture, un relevé général de comptes, les accusés de réception et tous les documents propres à constater que les marchandises ont été envoyées et reçues.—S'il s'agit d'une créance provenant d'une lettre de change, envoyer cette lettre de change, le protêt, la note des frais occasionnés par le défaut de paiement de la dite lettre et tout document portant sur l'origine de la dette. Ces diverses pièces n'ont pas besoin d'être légalisées, à moins qu'un Tribunal étranger n'ait déjà statué sur le cas.   .   .   .   .

À M. ....

Solicitor

....

Londres.

A.

METTRE À MÊME DE FAIRE DES DÉMARCHES QUELCONQUES.

**Signé

Form of Affidavit for proof of Debt under a Liquidation where no security is held; with Proxy annexed.

[See page 57.]

THE BANKRUPTCY ACT, 1869.

In the London Bankruptcy Court.

In the matter of proceedings for liquidation by arrangement or composition with Creditors instituted by *Peter Laslett and John Brownhill of No. 99 Riseholme Square in the City of London Wine Merchants trading under the Style or Firm of "Laslett & Brownhill."*

I *Pierre Delplomb of No. 16 Rue Tarragone Bordeaux in the Republic of France Wholesale Wine Merchant* make oath and say as follows

The said *Peter Laslett and John Brownhill trading as aforesaid* were at the date of the institution of the said proceedings and still *are* justly and truly indebted to me *and to my Partner Alphonse Chappuis trading as Wholesale Wine Merchants at Bordeaux aforesaid under the Style or Firm of "Delplomb Chappuis & Co."* in the sum of *Five Hundred and Forty Five Pounds Ten Shillings and Nine Pence* for (a) *goods sold and delivered by me and my said Co-partner at the request of the said Peter Laslett and John Brownhill trading as aforesaid* for which said sum or any part thereof I say that I have not *nor hath my said Co-partner* nor hath any person by my *or his* order or to my knowledge or belief for my *his or our* use had or received any manner of satisfaction or security whatsoever

SWORN AT (b)   (Signed) *PIERRE DELPLOMB*

We appoint *Francis Wilson of No. 7 Derby Lane in the City of London Solicitor* or failing him *Arthur Graham of No. 4 Stanley Crescent in the said City Merchant* our proxy in the above matter (c)

(Signed) *PIERRE DELPLOMB*

For myself and partner trading under the firm of Delplomb Chappuis & Co.

(a) For forms applicable to other cases see pp. 158 and 160.
(b) See "Instructions pratiques" p. 135, and Forms p. 164.
(c) See Directions p. 59.

Formule d'attestation appropriée à établir une créance en matière de liquidation à l'amiable, lorsque le créancier ne tient pas de garanties ; avec procuration annexée.

[Voir page 57.]

LOI DE FAILLITE DE 1869.

Devant la Cour de *Bankruptcy* à Londres.

Dans la procédure instituée pour la liquidation par voie d'arrangement ou de composition avec leurs créanciers par *Peter Laslett et John Brownhill, du No. 99, Riseholme Square, dans la Cité de Londres, négociants en vins, sous la raison sociale " Laslett et Brownhill."*

Je soussigné *Pierre Delplomb*, demeurant *No.* 16, *rue Tarragone, Bordeaux, dans la République de France, négociant en vins en gros,* fais sous serment la déclaration suivante :

Les susdits *Peter Laslett et John Brownhill, sous la susdite raison sociale, étaient* à la date de l'institution de la dite procédure et *sont* encore aujourd'hui justement et véritablement débiteurs vis-à-vis de *moi et de mon associé Alphonse Chappuis, négociants en vins en gros à Bordeaux (sous la raison sociale " Delplomb, Chappuis et Cie"),* de la somme de *cinq cent quarante-cinq livres dix shillings et neuf pence,* pour (ᵃ) *le prix de marchandises vendues et livrées par moi et mon dit associé aux susdits Peter Laslett et John Brownhill, sous leur dite raison sociale et conformément à leurs ordres,* de laquelle somme je déclare qu'aucun paiement ou garantie, complet ou partiel, n'a été reçu ni par moi, *ni par mon associé,* ni par aucune personne de par nos ordres, ni, que nous sachions, par aucun de nos employés.

JURÉ A (ᵇ)   (*Signé*) PIERRE DELPLOMB.

Nous désignons *Francis Wilson (Solicitor)* demeurant *No.* 7 *Derby Lane, dans la Cité de Londres,* ou, à sa place, *Arthur Graham, négociant, No.* 4 *Stanley Crescent dans la dite Cité,* pour nous représenter pleinement dans cette affaire. (ᶜ)

(*Signé*) PIERRE DELPLOMB
Pour moi-même et pour mon associé sous notre susdite raison sociale.

(ᵃ) Pour les formules appropriées à d'autres circonstances v. p. 159 et 161
(ᵇ) Consulter les " Instructions pratiques," page 135, et les formules page 165.
(ᶜ) Voir page 59.

Form of Affidavit for Proof of Debt under a Liquidation where the Creditor holds Bills of Exchange or other Security; with Proxy annexed.

[See page 57.]

THE BANKRUPTCY ACT, 1869.

In the London Bankruptcy Court.

In the matter of proceedings for liquidation by arrangement or composition with Creditors instituted by *Charles Hawkesley of No. 16 Golden Court in the City of London Merchant.*

I *Jean Deligne of No. 1 Rue d'Herville Paris in the Republic of France Manufacturer of Bronzes and Artistic Objects* make oath and say as follows

The said *Charles Hawkesley was* at the date of the Institution of the said proceedings and still *is* justly and truly indebted to me in the sum of *Two Hundred and Twelve Pounds Six Shillings* for (ᵃ) *goods sold and delivered by me to him at his request* for which said sum or any part thereof I say that I have not nor hath any person by *my* order or to *my* knowledge or belief for *my* use had or received any manner of satisfaction or security whatsoever save and except the following *Bills of Exchange* (ᵇ)

Date.	Drawer.	Acceptor.	Amount.			Date when due.
			£	s.	d.	
1st January 1872	*Jean Deligne*	*Charles Hawkesley*	100	0	0	*4th April* 1872
3rd March 1872	*Jules Petit*	*Charles Hawkesley*	112	6	0	*6th June* 1872

SWORN AT (ᶜ) ⁣⁣⁣⁣ (*Signed*) JEAN DELIGNE

I appoint *Thomas Brown of No. 9 Clarendon Street in the City of London Solicitor* or failing him *William Short of Cobden Street in the same City Commercial Traveller* my proxy in the above matter (ᵈ).

(*Signed*) JEAN DELIGNE

(ᵃ) For forms applicable in other cases, see pp. 158 and 160.
(ᵇ) If the security is other than Bills, its description must be substituted for this form.
(ᶜ) See "Instructions pratiques" p. 135, and Forms p. 164.
(ᵈ) See Directions p. 59.

Formule d'attestation appropriée à établir une créance en matière de liquidation à l'amiable, lorsque le créancier tient des lettres de change ou autres garanties ; avec procuration annexée.

[Voir page 57.]

LOI DE FAILLITE DE 1869.

Devant la Cour de *Bankruptcy* à Londres.

Dans la procédure instituée pour la liquidation de ses affaires par voie d'arrangement ou de composition avec ses créanciers, par *Charles Hawkesley, de No. 16, Golden Court, dans la Cité de Londres, négociant.*

Je soussigné, *Jean Deligne,* demeurant *No. 1, Rue d'Herville, à Paris, dans la République française, fabricant de bronzes et d'objets artistiques,* fais sous serment la déclaration suivante :

Le susdit *Charles Hawkesley était* à la date de l'institution de la dite procédure et est encore justement et véritablement mon débiteur de la somme de *deux cent douze livres six shillings* pour (a) *des marchandises que je lui ai vendues et délivrées à sa demande.* De cette somme, je déclare qu'aucun paiement ou garantie, complet ou partiel, n'a été reçu ni par moi, ni par mon associé, ni par aucune personne de par nos ordres, ni, que nous sachions, par aucun de nos employés, en sorte que les lettres de change, dont la description suit, constituent les seuls gages (b) que j'aie entre les mains en retour de mes marchandises :

Date.	Tireur.	Accepteur.	Montant.			Date de l'échéance.
			£	s.	d.	
1er janvier 1872	Jean Deligne	Charles Hawkesley	100	0	0	4 avril 1872
3 mars 1872	Jules Petit	Charles Hawkesley	112	6	0	6 juin 1872

JURÉ A (c) (Signé) *JEAN DELIGNE.*

Je désigne *Thomas Brown (avocat)* demeurant No. 9 *Clarendon Street, dans la Cité de Londres,* ou à sa place, *William Short (commis voyageur),* demeurant *Cobden Street dans la même Cité,* comme mon représentant dans cette affaire (d).

(Signé) *JEAN DELIGNE.*

(a) Pour les formules appropriées à d'autres circonstances, v. p. 159 et 161.

(b) Si la garantie est autre que lettres de change, substituer sa description.

(c) Consulter les "Instructions pratiques," p. 135, et les formules, p. 165.

(d) Voir instructions p. 59.

Short particulars of claims on various accounts for insertion in "affidavits" for proof of Debts in Bankruptcy or Proceedings for Liquidation by arrangement.

(See Note (*) pages 154 and 156.)

FOR GOODS SUPPLIED TO A THIRD PERSON BY ORDER OF THE DEBTOR.

For goods supplied and delivered to (A. B.) by the order and at the request of the said J. C.

FOR GOODS SOLD AND BILLS DISCOUNTED.

Upon a balance of account for goods sold and delivered by me [and my said partner] to the said J. C. at his request. And for money lent and advanced by me [and my said partner] to the said J. C. at his request by way of discount and on security of the undermentioned Bills of Exchange to the full amount of such Bills less the legal discount thereof.

FOR MONEY LENT AND MONEY PAID.

For money lent and advanced by me [and my said partner] to the said J. C. at his request and for money paid by me [and my said partner] for the said J. C. at his request.

FOR MONEY RECEIVED BY THE DEBTOR FOR THE USE OF THE CREDITOR.

For money had and received by the said J. C. to and for my use and on my account [or to and for the use and on account of me and my said partner].

Formules à introduire dans les "affidavits" pour spécifier les diverses créances contingentes à une faillite ou à une liquidation à l'amiable.

(Voir note (*) pages 155 et 157.)

Créance provenant de Marchandises livrées a un Tiers d'après les Ordres du Débiteur.

Pour marchandises fournies et livrées à (A. B.) d'après les ordres du susdit J. C.

Créance provenant de Marchandises vendues et de Traites escomptées.

Pour solde de compte pour marchandises vendues et livrées par moi [et mon dit associé] au susdit J. C. d'après ses ordres ; et pour avances et prêts d'argent faits par moi [et mon dit associé] au susdit J. C. sur sa requête, en escompte et sur garantie des traites ci-dessous désignées, avances atteignant la pleine valeur nominale des dites traites sous la simple déduction de l'escompte légal.

Créance provenant de Prêts et de Paiements en argent.

Pour argent prêté et avancé par moi [et mon dit associé] au susdit J. C., et pour payements faits par moi [et mon dit associé] pour compte du susdit J. C. et à sa demande.

Créance provenant d'Argent reçu par le Débiteur pour compte du Créancier.

Pour argent reçu par le susdit J. C. pour mon compte [ou pour le compte de mon dit associé et de moi].

For the Balance of an Account Stated.

For money found due upon an account stated between me [and my said partner] and the said J. C.

For the Value of Goods Entrusted to the Debtor for Sale.

Being the value of certain goods and chattels prior to the date of the said petition entrusted by me [and my said partner] to the said J. C. for sale by him as my agent and on my behalf [*or* as agent and on behalf of me and my said partner] the particulars of which goods and chattels are hereunto annexed.

For Brokerage or Commission.

For brokerage and commission due to me [and my said partner] from the said J. C. in respect of work and labour done for him at his request.

By a Carrier.

For the carriage of goods by me [and my said partner] for the said J. C. at his request.

By the Indorsee of a Bill of Exchange.

As indorsee[s] of the [two] several Bills of Exchange hereunder specified amounting to the sum of £ ________________________ and drawn by T. W. & Co. upon and accepted by the said J. C. and indorsed to me [and my said partner].

CRÉANCE PROVENANT DU SOLDE D'UN COMPTE RÉGLÉ ENTRE LES DEUX PARTIES.

Pour solde d'un compte réglé entre moi [et mon dit associé] et le susdit J. C.

CRÉANCE PROVENANT DE MARCHANDISES QUE LE DÉBITEUR A ÉTÉ CHARGÉ DE VENDRE.

Pour la valeur de marchandises et d'objets mobiliers confiés (avant la date de la dite pétition) par moi [et mon dit associé] au susdit J. C., à charge pour lui de les vendre en qualité d'agent et pour mon compte [ou pour compte de moi et de mon dit associé], desquels objets et marchandises un compte détaillé se trouve ci-annexé.

CRÉANCE PROVENANT DE COURTAGES.

Pour courtage dû par le susdit J. C. à moi [et mon dit associé], en raison de travaux et de soins faits et pris pour lui d'après ses ordres.

CRÉANCE D'UN VOITURIER OU CAMIONNEUR.

Pour le transport (ou camionnage) de marchandises fait par moi [et mon dit associé] pour le susdit J. C. d'après ses ordres.

CRÉANCE DU DÉTENTEUR, PAR VOIE D'ENDOSSEMENT, DE TRAITES OU LETTRES DE CHANGE.

En qualité de détenteur, par voie d'endossement des [deux] traites, ou lettres de change, ci-dessous désignées, s'élevant ensemble à la somme de ________________________ tirées par T. W. et Cie. sur et acceptées par le susdit J. C. et endossées à mon bénéfice [et à celui de mon dit associé].

M

Form of Proxy when separate from Proof of Debt.

[See page 59.]

THE BANKRUPTCY ACT, 1869.

In the London Bankruptcy Court.

In the matter of (ᵃ)

I, *Jaques Rouget of Rouen in the Republic of France Weaver* do hereby .[*on behalf of myself and my partners*] appoint as my [*or our*] proxy in this matter [except for the purpose of receiving dividends (ᵇ)] *John Robinson of Gladstone Street in the City of London Solicitor* or failing him *Robert Jackson of Granville Place in the County of Middlesex Haberdasher.*

As witness my hand this   day of   .   187

[For self and partners trading under the style or firm of *Rouget, Delille et Cie.*]

JACQUES ROUGET.

Signed by the said *Jacques Rouget,*
in the presence of

H. Y.

of

(*Address and description of witness.*)

(ᵃ) Fill in name and address of bankrupt or person or firm in liquidation.

(ᵇ) If the proxy is to receive dividends these words must be omitted.

Modèle de Procuration faite en dehors de la preuve de la dette.

[Voir page 59.]

Loi de Faillite de 1869.

Devant la Cour de *Bankruptcy* à Londres.

Dans l'affaire de (ᵃ)

Je soussigné *Jacques Rouget (Tisserand)*, demeurant à *Rouen, dans la République de France* [*agissant de la part de moi-même et de mes associés*], désigne par la présente comme mon [*ou* notre] mandataire dans cette affaire (excepté pour l'encaissement des dividendes attribués aux créanciers ᵇ), *John Robinson (Avocat) demeurant à Gladstone Street, dans la Cité de Londres*, ou à sa place *Robert Jackson (Mercier) demeurant à Granville Place, dans le comté de Middlesex.*

Signé de ma main ce   jour du mois de   187

[Pour moi-même et mes associés sous notre nom social de *Rouget, Delille et Cie*.]

JACQUES ROUGET.

Signé par le dit *Jacques Rouget*, en présence de

II. Y.

(*Adresse et description du témoin.*)

(ᵃ) Nom, adresse et qualité du failli ou personne ou firme en liquidation.

(ᵇ) Si le mandataire doit pouvoir toucher les dividendes répartis entre les créanciers, ces mots seront omis.

Form of Jurats to "Affidavits."
(See Chapter XXVII., also Note (ᵇ) page 154, and Note (ᶜ) page 156.)

I.—FORM OF JURAT WHERE ONE DEPONENT ONLY AND HE UNDERSTANDS THE ENGLISH LANGUAGE.

Sworn at *the British Consulate Paris* in *the Republic of France* the 2*nd* day of *January* 1873

Before me
A. B.
Her Britannic Majesty's Consul at Paris.
(Or description of such other official position as A. B. occupies)

II.—FORM OF JURAT WHERE TWO DEPONENTS BOTH UNDERSTANDING THE ENGLISH LANGUAGE.

Sworn by the Deponents *Pierre Latour* and *Jules Forney* at *the British Consulate Paris* in *the Republic of France* the 2*nd* day of *January* 1873

Before me
A. B.
(Adding description as in previous Form)

III.—FORM OF JURAT WHERE, THE DEPONENT NOT UNDERSTANDING ENGLISH, THE AFFIDAVIT IS TRANSLATED TO HIM THROUGH A SWORN INTERPRETER.

Sworn at *the British Consulate Paris* in *the Republic of France* the 2*nd* day of *January* 1873 through the interpretation of *Jean Taitbout* of No: 101 *Rue de Versailles Paris* aforesaid the said *Jean Taitbout* having been first sworn that he had truly and faithfully interpreted the contents of this affidavit to the Deponent *Eugène Louis* and that he would truly and faithfully interpret the oath about to be administered unto him the said *Eugène Louis.*

Before me
A. B.
(Adding description as in first Form)

Formules des Jurats joints aux "Affidavits."

(Voir Chapitre XXVII., et les notes (b) p. 155 et (c) p. 157.)

I.—FORMULE DE "JURAT" QUAND IL N'Y A QU'UN SEUL DÉPOSANT ET QU'IL COMPREND LA LANGUE ANGLAISE.

Juré *au Consulat britannique, Paris,* dans *la République française,* ce 2me jour du mois de *janvier* 1873.

Devant moi,

A. B.

Consul à Paris de S. M. la Reine de la Grande-Bretagne.

(Ou autre qualité officielle.)

II.—FORMULE DE "JURAT" POUR DEUX DÉPOSANTS, TOUS DEUX COMPRENANT L'ANGLAIS.

Juré par les déposants *Pierre Latour* et *Jules Forney, au Consulat britannique à Paris, dans la République française,* ce 2me jour du mois de *janvier* 1873.

Devant moi,

A. B.

(Qualité officielle.)

III.—FORMULE DE "JURAT" QUAND LE DÉPOSANT NE COMPREND PAS L'ANGLAIS ET QUE L'AFFIDAVIT LUI EST TRADUIT PAR UN INTERPRÈTE JURÉ.

Juré *au Consulat britannique à Paris,* dans *la République française,* ce 2me jour du mois de *janvier* 1873, avec l'assistance de l'interprète *Jean Taitbout, No.* 101, *Rue de Versailles, à Paris,* ledit *Jean Taitbout* ayant préalablement juré qu'il avait exactement et fidèlement traduit le contenu du présent affidavit au déposant, *Eugène Louis,* et qu'il lui traduirait exactement et fidèlement la formule du serment à prêter par ledit *Eugène Louis.*

Devant moi,

A. B.

(Qualité officielle.)

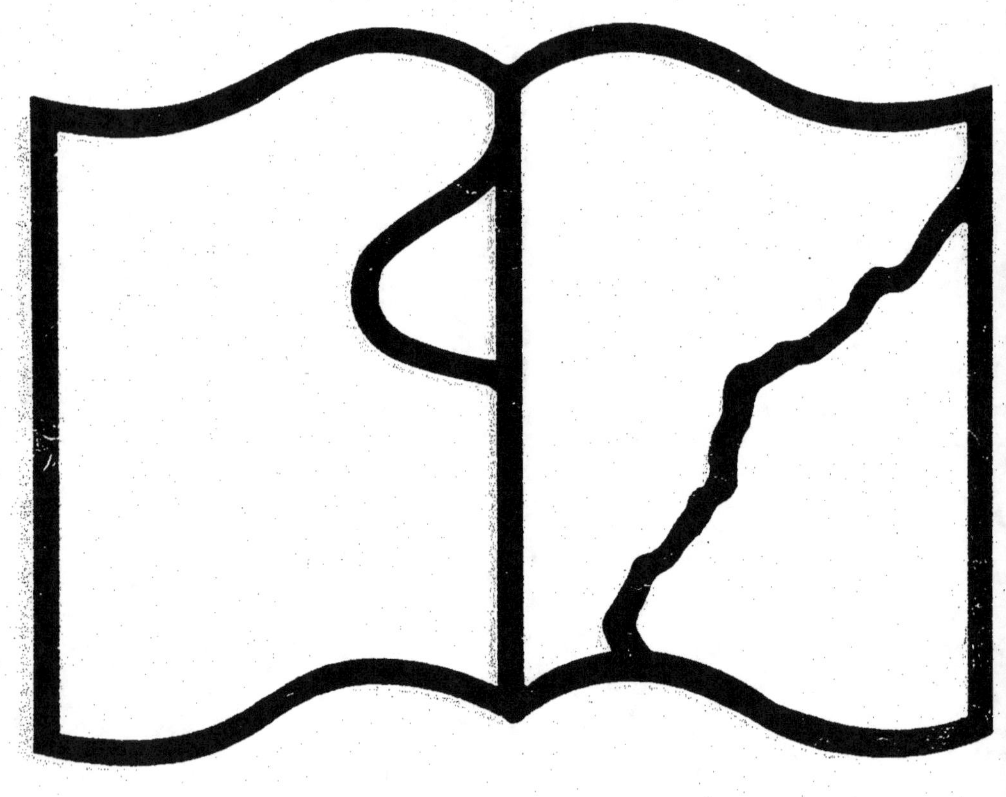

Texte détérioré — reliure défectueuse

NF Z 43-120-11

Contraste insuffisant

NF Z 43-120-14